ノンフィクションライター
片岡理恵

三基商事50年の歩み

ほんとうの仕事

毎日新聞出版

三基商事50年の歩み

ほんとうの仕事

はじめに

大阪・梅田の地下街は、「日本最大級の迷宮」らしい。

果てしなく続く地下道、建ち並ぶ飲食店、喧騒、早足のビジネスマン……エネルギーと熱気が充満した地下街から地上に抜けると、「よそ者」は正直ほっとする。

2000年前は、このあたりは河内湖の底であったという。淀川と大和川から流れ込む大量の土砂が堆積してデルタ地帯となり、長い時間をかけて大阪平野が作られた。現在、堅固な大地はきっちりとアスファルトでコーティングされ、関西エリアを代表するビジネス街となっている。

歴史を感じさせるビルが林立する、落ち着いたオフィス街。

その中心にある大阪駅前第2ビルは、1976（昭和51）年に完成した建物。楽器店やスポーツ用品店、個人経営の喫茶店などのテナントが入るフロアは、昭和の人間である私にとって、初めて来たとは思えないなつかしさがある。

エレベーターに乗り、8階のボタンを押す。

（創業50年の老舗企業にぴったりのビル……だな）

しかし、扉が開くと、そこにはまったく異なる風景が広がっていた。

エレベーターホールから、廊下、そして、受付。

ふかふかとしたカーペットを踏みしめてたどる動線は、広々としてとても心地よい。

このフロアすべてをリノベーションしたらしく、昭和の時代にはありえない空間設計だ。

外向きの窓は大きく取り、広い廊下には間接照明を設置している。内装とインテリアはベージュで統一。フロア全体が、濾《こ》したようなやわらかな光に包まれている。

働いている人々も同様に、物腰がやさしく、ホスピタリティーに溢れていた。

この後、私はこの会社の東京支社や西宮工場、総合研究所など、さまざまな施設も取材することになるのだが、場所が変わっても、そのやわらかで明るい環境と、人々のホスピタリティーは変わらなかった。

三基《みき》商事株式会社。1966(昭和41)年に門田《かどた》敏量《としかず》氏が創業した会社である。商社としてスタートした同社は、ミキプルーンという商品をきっかけに、当時まだ日本にはなかった栄養補助食品という市場を作る。「健康で豊かな生活は、バランスのとれた食生活から」という理念をもとにする健康運動を展開し、全国に数多くの愛用者を有するスーパー企業だ。

本書は、三基商事の50年を振り返り、その軌跡をまとめたものだ。創業者の門田敏量《かどたとしかず》社長をはじめとする三基商事の社員、販売を担うミキグループのメンバー、ステークホルダーの方々に取材を行った。

50年の間に起こった出来事の背景や、経緯、それらに対する思い。さらには印象的なエピソードなどを本人たちに取材し、知られざる三基商事の歴史を明らかにすることが当初の目的であった。

だが、快く取材に応じてくださった方々のお話を伺い、同社に保存されている膨大な資料を読み、工場や研究所などの取材を行っていけばいくほど、私は三基商事という会社がよく分からなくなっていった。

今まで私は、国内で100社以上の企業、100人以上の経営者に取材を行ってきた。しかし、三基商事は、どの企業とも異なるユニークな組織だ。

その理由を明らかにするために、さらに取材を続けていったのだが、話を聞けば聞くほど、その存在が不思議に思えてくるのだ。

門田敏量《かどたとしかず》社長が創始した企業の理念は、ものづくり、販売体制、すべてに行き渡っていて、関わる人々と共有されている。そのこと自体も、ありそうでなかなか実現できないことだ。

社員やミキグループの女性たちが語る三基商事とは、それ自体で確立した「一つの世界」とも言うべきものだ。それは、どの会社や組織にも似ていない。

あまりにも、その世界観が確固たるもので、私自身の価値観も揺さぶられることが何度もあった。

会社って、仕事って、一体なんなのだろう？

単純にそんな問いが浮かび上がってくるのだった。

近頃では、日本人の「働き方」「会社のあり方」などが、あらためて問われることが多くなった。

従来私たちが普通だと思っていた会社、仕事というものが、このままでいいのか。もっとちがう形もあっていいのではないか――若い人を中心に、そんな議論が起こることもしばしばだ。

そんな、これからの働き方や会社のあり方について、本気で考えている人たちにも、本書の内容を参考にしてもらえたらと思う。

不器用で地道で、ユニークな会社。それでいて、数々の偉業と業績を実現した奇跡。濾したようなやわらかな光に包まれた「三基商事という世界」を、ぜひ覗いてみてほしい。

目次

第2章

実業への目覚め

第3章

ミキプルーンはこうして生まれた

第4章 生命の実・プルーン

第5章 急速に広がった「健康運動」

第6章

輝き続ける女性たち

第7章

すべてを自社の力で作りたい

第8章
未来に向かって

※本著は2017年11月までに取材した情報に基づいています。

ブックデザイン＝草薙伸行●Planetplan Design Works

第1章

未来を予見していた男

健康になりたい私たち

「尿酸値を下げる秘訣」「慢性腰痛の8割が改善するメソッド」「名医が教えるアンチエイジング」……近年は、健康をテーマとするテレビ番組がやたらと目につく。

テレビ離れが著しい中、今なお視聴してくれる50代以上の女性たちを対象に、アンチエイジングや栄養、医療などの情報が、次から次へと放送されている。

テレビだけではない。ネット通販でも、健康関連商品の人気はすさまじい。お茶やサプリメント、健康グッズなどがずらりと並ぶ。

出版業界も同様だ。実用書では、健康カテゴリーが手堅く売れる。腰痛や膝痛を自分で治すメソッドや、栄養や食生活に関する指南、病気や治療に対する新しい考え方など、毎月さまざまな書籍が出版され、当たると何十万部ものベストセラーになる。

２０１６年度の健康食品市場規模は、約７５００億円といわれている。

予防医療や健康管理、生活支援サービスも含めたヘルスケア産業全体では、２０３０年には37兆円規模に拡大するらしい。

私たちは、どこまで「健康」が好きなのか。
どうしてこんなにも「健康」になりたいのだろうか。

日本経済が長い低迷期に入る前、消費の主役は衣食住だった。おしゃれをしていいクルマに乗って、環境のいい場所にある住居に暮らし、時々、すてきなレストランで美食を楽しむ。

私たちが一生懸命に働く目的は、生活の質を上げることだった。上質なもの、高価なものを手に入れれば、それだけで生活の質は上がると信じていた。健康であることは前提であって、目標などではなかったのだ。

健康を気にするのは中高年以上。家族や友人に病人が増えると健康を気遣うようになる。その年代になるまでは、多少体に悪くても享楽的な生活を営むことは普通だった。

しかし現在では、老若男女がこぞってヘルシー志向。いつまでも、健康で若々しくあることが、人生の目標になった。

これは、裏を返せば、私たちがいかに健康でないか、ということだと思う。

メンタルや免疫系なども含めて、未病や生活習慣病の予備軍など、圧倒的多数の日本人は、なんらかの不調を抱えている。病院の検査で疾患と診断されたら、もちろんアウト。そうなる前に、すでに健康とはいえない状態で生きている人間が、あまりにも多いのだ。

また、健康ではいられない条件がそろいすぎている、ともいえる。

水や空気など、環境の汚染は確実に進んでいる。農薬や添加物のリスクが高い食品、仕事や人間関係によるストレス、スマホやパソコンのブルーライトや電磁波……。飲酒や喫煙などの不健康な生活習慣がない人でも、普通に生きているだけで、けっこうな不健康リスクにさらされている。生きる環境そのものが、すでに不健康なのだ。

だからこそ私たちは、必死になって「健康」を目指す。

栄養バランスの取れた食事を取り、ヨガやフィットネスなど適度な運動を習慣化し、スマホで健康情報をチェックしては、思いついた時に実践してみる。健食ジプシーのように、気になる不調を改善しそうな食材やサプリの情報に踊らされ続けるのだ。

数十年前の旺盛な消費欲を持った日本人が見たら、きっとクレイジーだと思うだろう。でも仕方がない。これは、繁栄をなした消費社会の負の遺産だ。便利で快適な生活の恩恵に浴した結果、私たちは人間本来が持っている免疫力や生命力を衰えさせてしまったのだから。

大手企業も参入する健康産業

私たちの不健康さに比例して、ヘルスケア産業や健康食品市場はすこぶる「元気」だ。私たちに、おしゃれやかっこいいクルマ、すてきな住居、美食を提供していた企業すらも、率先して健康関連ビジネスに参入している。

その裏には、どの市場も成熟して、モノが売れなくなったという大きな理由があると思う。消費自体に飽きた私たちに、唯一ささるのが「健康」というキーワードだ。

「ヘルシー」「体にやさしい」「〇〇が減る（下がる）」というコピーがついていると、つい気になってしまう。なぜその商品がヘルシーで体にやさしいのか、よく分からなくても、なんとなく選んでしまう。たとえ値段が高くても、そちらの方が健康面で「お得」感があるからだ。

国の保健機能食品制度の認可を受けた特定保健用食品――トクホも、続々発売されている。トクホとは、体の生理学的機能に影響を与える成分を含んでいる食品。血圧や血中のコレステロールなどを正常に保ったり、おなかの調子を整えたりと、特定の保健効果について、国に科学的根拠を示して、有効性や安全性の審査を受けているものだ。

2015（平成27）年からは、機能性表示食品の制度もスタートした。こちらは事業者の責任において、科学的根拠に基づいた機能性を表示した食品。安全性や機能性の根拠についての情報が消費者庁長官に届けられたものだという（有効性や安全性について国の審査は受けていない）。

お酒や飲料、成長期の子どもも食べるお菓子、調味料などの大手食品メーカーから発売されるトクホの数々は、今日の健康至上時代を象徴するものといってもいい。

その機能をよく理解しないまま、罪悪感のある食事をなかったことにするために、トクホのお茶を飲む——そんなふうに利用している人は少なくないだろう。

今や「健康」は日本企業にとって一大テーマだ。錚々《そうそう》たる大企業が、健康効果を謳《うた》った商品を次から次へと発売している。スーパーの棚には、機能性を掲げた商品がずらりと並んでいる。その情報量のすさまじさに、疑問を感じてしまうのは私だけだろうか。

（つまりこれは、時代そのものが不健康ということではないのか……？）

50年前、まるで今日の「不健康な時代」を予見するかのように、「健康」に着目し、事業を展開した男がいた。

三基商事の社長・門田敏量《かどたとしかず》、その人だ。

「あのミキプルーン」の三基商事

三基商事という会社を知る人は多くはないが、ミキプルーンを知らない日本人はおそらくいない。

しかし、三基商事は、独自の販売システムを採用しているためスーパーやコンビニなどに、その商品が並ぶことは絶対にない。

それなのに、なぜ多くの日本人に知られているのか。その理由の一つにテレビＣＭの効果がある。

俳優・中井貴一がイメージキャラクターを務める、ミキプルーンのテレビＣＭ。今年で22年目を迎えるロングランＣＭなので、多くの日本人の記憶に残っているはずだ。

ＣＭの中で、中井貴一は、カリフォルニアのプルーン農園を歩いたり、フランスのマルシェでマダムにミキプルーンを勧めてみたりと大活躍。名探偵になったり、現場クルーにプルーンジュースを配ったり……と、さまざまなシチュエーションでミキプルーンと共演している。

同じタレントを20年以上も起用するＣＭは、そう多くはない。

「中井貴一さんは、抜群の安心感、人としての温かさが魅力。20年以上前から老若男女に広く支持され、年齢を重ねると共にその輝きを増しています。三基商事の商品はすべてロングセラー。イメージキャラクターは、弊社の大切な顔です。その大事な顔を頻繁に変えるのは、私たちの商品、企業戦略に反するのです」

と語るのは、三基商事の常務取締役である門田《かどた》淳《じゅん》だ。

CMが放映されてきた20年の間には、芸能人のスキャンダルが格好のニュースとなる世相となった。そんな中で、青年時代から今日にいたるまで、上品で清潔なイメージを貫きつつも、着実に役者としてのキャリアを重ね、日本を代表する名優の一人となった中井貴一。その人物に白羽の矢を立てたこと自体、かなりの目利きと言わねばならない。

中井貴一がCMの中で、トーストにつけたり、ジュースとして飲んでいるのがミキプルーン。だから、実物を見たことがなくても、私たちはなんとなく瓶やラベル、とろりとしたエキスに親しみを感じてしまう。その映像と共に、「健康」や「自然」「食育」といったキーワード、近年の作品では「半世紀の歴史を超えて未来へ」というメッセージが、視聴者のもとに届けられてきた。

ミキプルーンが誕生した時代

ミキプルーンの発売は、1972(昭和47)年。今から45年前に遡る。

日本の1970年代は、56カ月持続した「いざなぎ景気」と共に幕を開ける。66～70年の5カ年平均の経済成長率は、名目17・3%、実質11・6%。1968(昭和43)年、日本のGNPは1419億ドルとなり、アメリカに次ぐ世界第2位の「経済大国」となった。

急激に経済が成長した60年代から70年代にかけて、日本人の消費スタイルは大きく変わった。「三種の神器」(白黒テレビ、冷蔵庫、洗濯機)から、3C(カラーテレビ、クーラー、カー)の時代となり、ライフスタイルもかなり様変わりする。

テレビの受信契約率は、1960年代の34・5%から70年には84・5%に増加した。ライフスタイルの欧米化が進み、コーラやヨーグルト、レモンなど、それまで馴染みの薄かった食品が、身の回りに溢れるようになった。

1971(昭和46)年には、マクドナルドの日本1号店が銀座(東京都中央区)に開店。1974(昭和49)年にはコンビニエンスストア・セブン-イレブン1号店が豊洲(東京都江東区)に開店している。

さらには、もう一つの大きな変化として、インスタント食品の台頭がある。インスタントラーメン、即席カレー、インスタントのコーヒーなどが、一挙に店頭で販売されるようになったのだ。

ちなみにカップラーメンの発売は1971（昭和46）年。当初は販路が得られず苦戦していたところ、「あさま山荘事件」（1972年2月）のテレビ中継放送で、厳寒の中に湯気の立ち昇るカップヌードルを食べる機動隊員の姿が映された。興味を抱いた視聴者からの問い合わせが殺到。皮肉なことに、これがきっかけで爆発的なヒットになったという。

70年代の食の欧米化やインスタント化。これが、日本人の食生活を大きく変えたと言っても過言ではない。

You are what you eat.

食育に熱心な元アメリカ大統領夫人、ミシェル・オバマが好んで使うということわざ。「人間は食べるものによってできている――健康は食にあり」に従うと、食によって私たちの体は作られており、食によって私たちの健康は支えられている。

日本は「不健康な時代」へ歩み始めた

70年代は、「公害の時代」でもあった。

アメリカでは、ニクソン大統領が環境汚染に対する特別教書を発表。国連のさまざまな機関が、公害対策を決議した。日本でも、公害問題についての国際シンポジウムが開催され、13カ国の科学者が集結し「東京決議」を宣言した。

高度経済成長期に入り、急速に大都市圏に人口が集中。自動車の排気ガスが社会問題となった。企業の生産活動は急ピッチで拡大し、当時は環境に対するリスクの指標などがまったくなかったため、大気汚染や河川・海水の汚染、工場のばい煙が近隣住民に健康被害をもたらすようになる。

それ以外にも、農薬や騒音公害など、人々の暮らしは、それまでにはなかった深刻なリスクを抱えるようになった。公害問題に対する住民の反対運動も、日本各地で行われた。

食の安全も同様だ。牛乳のPCB汚染や人工甘味料チクロの発がん性など、さまざまな問題が発覚し、厚生省（当時）はその対策に追われていた。

1970（昭和45）年、佐藤栄作内閣は、中央公害対策本部を設置。14の公害関連法案を、国会に提出し成立させている。これによって、大気汚染防止法、海洋汚染防止法、自然環境保全法などが制定された。

豊かな社会を目指して経済活動に猛進したことが仇となり、それまでにはなかった歪みが日本社会に生み出された。きれいな水や空気など、当たり前にあった美しい自然環境を失った日本は、不健康な時代へと歩み始めたのだ。

商社としてスタートした三基商事

三基商事は、1964(昭和39)年に名前が示す通り「商社」としてスタートした。門田《かどた》敏量《としかず》が大阪府豊中市で個人創業し、繊維製品の輸入と販売を始めた。翌年には、大阪市北区中之島の大阪国際貿易センタービルに移転し、1966(昭和41)年に株式会社に改組している。

創業当初は、ハンドバッグやアクセサリーの販売も行っていた。他に、現在ではカフェで定番のガラス食器「デュラレックス」、ゴブラン織やクロコダイルのバッグなど、敏量《としかず》が扱うフランス製品を中心とするセンスのいい輸入品は評判がよく、いいビジネスになった。日本で初めて、細番手のプリーツスカートを製造・販売し、徐々に商社稼業も軌道に乗り始める。

24歳の敏量《としかず》は、今でいうところのベンチャー企業の経営者であり、世界を翔《かけ》る商社マンであった。

「とにかく、しゃにむに働いた。当時の記憶がないくらい、夜も寝ないでよう働いた」

敏量《としかず》がプルーンと出会ったのは、そんな時だった。

仕事柄、いろいろな商材の売り込みや提案はよく受ける。試食はしてみたが、そのアメリカ製のプルーンエキスは気のせいか化学的なにおいがする。においや味に敏感な敏量《としかず》は、その部分が気になった。

商材として興味はなくはなかったが、正直それどころではなかったのだ。

輸入業は、資金を回収するまでに時間がかかる。注文が増えれば増えるほど、買い付ける商品は大量になるため、まとまった資金が必要だ。でも、当時の輸入業務は時間がかかり、納品後も支払いサイトは長い。その間の資金繰りが大変だった。

その頃の主力商品はプリーツスカートで、生地を輸入して、国内で縫製し、百貨店や専門店に納めていた。粗利は大きいが、資金が回収できるのは1年後。

こんなに忙しいのに、なぜ儲からないのか。敏量《としかず》は焦りながらも、目の前の仕事を片っ端から片づけた。それ以外にも、他の商品の買い付けや交渉、新しい商品の発掘など、不眠不休で仕事をする日々だった。

「絶対売れない」のお墨付き!?

敏量《としかず》はサンプルでもらっていたプルーンエキスを、「ちょっと食べてみて」と何軒かの得意先に配った。日頃のご愛顧へのお返しのつもりだった。

日々の仕事に没頭し、プルーンエキスのことなどすっかり忘れ去った頃、ある得意先が事務所にやってきた。

「門田《かどた》さんがくれた、あのエキス、売ってくれへん？　お歳暮にしたいんやけど」

（はて……エキスて…）

ぽかんとした顔の敏量《としかず》に、得意先は続けた。

「ほら、あの。黒くてトロッとした。ダンナに毎日食べさせたら、寝汗かかんようになってん」

（プルーンのエキスのことかい。ほぅ、あれがそんなに、体にいいんかい）

それは1軒だけではなかった。「頭痛が治った」「なんか元気になった」と、えらく評判が

大阪国際貿易センタービル。三基商事はここから始まった。

いい。別に、健康にいいとか、元気になるとか、一言も言った覚えはない。それなのに、こちらから問い合わせたわけでもないのに、あちらこちらから声が届く。中には、

「本気で商売にしたらいいのに、一緒にやらせて」

と、かなり惚れ込んだ人も出てくる始末。

それをきっかけに、敏《とし》量《かず》はプルーンエキスについてあらためて考えてみた。

自分も毎日食べてみた。体はいたって健康だったので、何かが治ることはない。だが、まさに獅子奮迅の勢いで仕事ができているのは、プルーンエキスのおかげかもしれなかった。常食するようになると、日によって味がずいぶんとちがう。疲れた日はやたらと甘く感じ

る。しっかり眠った翌日はそうでもない。体調によって味が変わるのが不思議だった。

（おもろいかもしれん……）

ちょっと興味が湧いてきた。そして、その時なぜか（先行き長い商品になるな）と思った。なんの根拠もないが、ふとそんな気がしたという。

やると決める前に、とことん調べてみよう。そう思った敏量《としかず》は、ある大学のマーケティングの研究室に、市場調査を依頼した。

調査結果は最悪だった。

調査レポートには、何やら専門的な用語が羅列されていた。とどのつまりは、今のお客さんには合わないということらしい。

ライフスタイルが欧米化して、インスタント食品を多く取るようになった日本人は、もっと「簡単、便利」に食べられるものでないと受け入れない。最近では日本も欧米並みにカーペットを敷くようになったので、こんな水あめみたいなものを床に落としたら、せっかくのカーペットが台無しになる――ということらしいのだ。もちろん、こぼした時にたたみの目にでも入ったら拭き取るのも大変ということでもあった。

揚げ句の果てには「絶対に売れない」というお墨付きまでもらう始末。

そうなると、逆に燃えてくるのが敏量《としかず》という男である。

そういえば、黒い食べ物なんて大学の調査結果を見るまでもなく、食品らしからぬ見た目だ。人が好まないのも当然のように思える半面、ちょっと神秘的な感じがする。あんな机上のデータなんかより、こっちが売り込んでもいないのに、「欲しい」「売ってくれ」という声が現実にあるのだ。この声の方が大切であるべきではないかという思いが強くなり、「よし！　やってみよ」という気持ちになった。

どうせなら、きちんと商品開発して、うまいもんにしてやろう。どんなに体にいいからといって、まずいものは人間食べ続けられない。まずは、あのにおい。何を使っているのか知らないが、あの独特のにおいをどうにかしよう。

生来凝り性の敏量《としかず》は、さまざまな研究所や専門家のつてを使って、少しずつ自分で研究開発を始めた。1970(昭和45)年のことであった。

中医学研究者・粟島行春との出会い

「水あめ状ではなくて、固形にしたらどうですか？」

敏量《としかず》は、調査レポートをまとめた男の言葉が気になっていた。

エキスを固形にするにはどうすればいいのか。ゲル化してゼリー状にしてみたり、寒天を加えてみたり、いろいろと試してみた。化学物質を使わないことにこだわり、糖分を加えてタブレットにするのが最適な方法かもしれないと考えていた。

ちょうどその頃、日本人の食生活に警鐘を鳴らす人物がいるという噂を聞いた。

「日本人は皆、塩分ばかり気にしているが、それよりも危険なのは糖。欧米化した食生活による糖分の過剰摂取は体を滅ぼす」

糖分を使ってエキスを固めるつもりだった敏量《としかず》は、妙にその言葉と人物のことが気になった。そして、すぐに噂の人物——粟島行春《あわしまゆきはる》に会いに行った。

粟島は、中医学の古典の研究者。もともとは、土壌を研究する農学者だった。34歳の時に開発した、バーミキュライトを原料とした土壌改良剤は全国に普及し、日本の農を大きく変えた実績を持つ。中医学の古典『黄帝内経《こうていだいけい》』を研究し、石塚左玄《いしづかさげん》直系の食養家でもある。糖が人体に及ぼす影響について確かめることが目的だったが、敏量《としかず》は、ものの数分で粟島と意気投合した。

(この男には不思議な魅力がある……きっと本物にちがいない)

と、彼の勘が働いたのである。

その日以来、2人は交流を深めることになる。敏量《としかず》は粟島から、中医学や食養法に関する多くの知識を貪欲に吸収した。そのことは、三基商事の事業に大きな影響を及ぼすことになる。ミキグループが展開する「健康運動」の萌芽は、ここにあったのである。

敏量《としかず》の鼻についた、プルーンエキスのにおい。それは、酵素の影響だということが分かった。ドライプルーンに酵素を混ぜると、一度にたくさんのエキスが抽出できる。ただ、それによってプルーン本体にはなかった化学的な物質が発生するらしい。

（せっかく自然で体にいいものなら、余計なもんは混ぜんと、プルーンだけでやったらいい）

敏量《としかず》は、プルーンエキスには、昔なつかしい梅肉エキスに似たところがあると思った。江戸時代から続く民間薬である梅肉エキスは、庭で採れた梅の実をていねいに煮詰めて作る。どこの家にもある、おばあちゃんの手づくり薬だった。

そうすれば、酵素処理した後のような独特のにおいはない。それどころか、エキスを抽出する時間や温度を調整することで、ドライプルーン本体よりも奥深いおいしさを表現できることに気づいた。

（これでいこか……）

敏量《としかず》は手さぐりで、プルーンエキスの製造方法をさらに模索し続けた。

米国の学者によって実証された健康効果

そんな時である。アメリカから朗報が届いた。

以前、カリフォルニア大学バークレー校に、プルーンの栄養成分について問い合わせをしたことがあった。しかし何カ月もなしのつぶてで、そのうち問い合わせをしたことも忘れていた。

届いた文書は、プルーンに関する研究論文だった。栄養学の研究者・モーガン博士によるもので、動物実験によるプルーンの効果効能をまとめていた。

プルーンには、カロテンやビタミンB群、カリウムやカルシウム、リンや鉄などのミネラル、抗酸化作用や抗菌作用のあるポリフェノールや食物繊維などが豊富に含まれている。

その論文は、敏量《としかず》の知り合いから寄せられていた反応を、まさに裏付けるような結果だった。

モーガン博士の論文は、今でいうところのエビデンスになるものだ。しかし敏量《としかず》は、プルーンの健康効果を、すでに自身の感覚によって確信していた。

左:門田敏量《かどたとしかず》　右:粟島行春《あわしまゆきはる》　2人の出会いが三基商事の事業に大きな影響を与えた。

盟友・粟島行春が語る、中医学の『黄帝内《こうていだい》経素問《けいそもん》』や石塚左玄の「身土不二《しんどふじ》」という考え方に興味を覚えたのは、昔の記憶を思い出したからだ。それらは、子どもの頃、なんとなく感じていた自然と人間との関係を裏付けるような、体系立てた理論となっていたからだった。

アメリカで健康運動が広まった嚆矢は、1962(昭和37)年に出版された『沈黙の春』(レイチェル・カーソン著)といわれている。農薬や化学薬品が、自然や生物に与える脅威をテーマにした本書は、全米に大きな反響を与えた。それから人々の健康に対する意識が高まり、自然食品や有機食品が注目されるようになる。アメリカのカルチャーに敏感な日本も、70年代に入ると徐々に健康食品がブームになっていった。

先進国アメリカの社会問題から誕生した自然食運動の考え方は、古代から脈々と受け継がれてきた東洋の叡智と重なる。そこに、時間と空間を超えた、普遍性を感じさせた。敏《とし》量《かず》は、幼い頃から感じていた「自然の未知なる力」に、あらためて目を瞠ったのである。

第2章 実業への目覚め

商人の町に生まれて

愛媛県今治市。

おだやかな青い海には、白い波頭に降り注ぐ陽光がきらきらと輝き、いくつもの島影からなる世界有数の多島美、山間部では豊かな緑を清冽な水が潤す。今治は、時間がゆったりと流れる瀬戸内海の中心にある。

今治地方は、古墳時代からの多くの遺跡があり、7世紀には伊予国府が置かれるなど、古くから、政治、経済、文化の中心地であった。

中世には、村上水軍がこの地を拠点に活躍。1604(慶長9)年、藤堂高虎《とうどうたかとら》が20万3000石の領主となり、今治城と城下町を築く。高虎は「築城の名手」の誉れ高く、瀬戸内海に面して三重の堀を巡らし、内堀にまで海水を引き入れた、他に類のない平城を造った。

その後、松平氏の所領となり、1869(明治2)年に版籍奉還を迎える。

1920(大正9)年、日吉村と合併して今治市が誕生。その直後には港湾を整備し、四国初の貿易港が誕生した。

太平洋戦争では、3度にわたってB29の焼夷弾攻撃を受け、旧市内の8割が焼滅。多くの市民が犠牲になった。

かつて今治は、瀬戸内の海上交通の要衝であった。古くから海運業が発達し、各種船舶を建造する造船業も盛んだった。

一方で、奈良時代からすでに織物業が盛んだったと伝えられている。温暖な気候と雨量が少ないため綿花栽培に適しており、江戸時代後期から「伊予木綿」を生産し、全国に出荷していた。

だが明治維新以降は、新しく参入してくる他の産地に埋もれてしまう。そこで毛織物のような風合いを持つ綿織物「伊予綿ネル」を開発。その後、大阪で開発されたタオル織機を導入し「タオル」が主力産業となる。

今治のタオルづくりは、果敢に技術革新を繰り返した。「二挺式バッタン」という織機で生産効率を向上。また、ジャカード織機を導入し、やわらかい風合いの仕上がりを実現した。「タオルケット」というヒット商品も生み出し、1960年代には、タオル生産日本一となった。

造船、タオル、縫製。今治の強みであるさまざまな産業に共通するのは、旺盛な事業欲と、たゆまぬ技術革新の力だ。

また、今治は「割賦販売」という金融システムが誕生した土地でもある。

江戸時代、桜井（現・今治市桜井）を中心とした「伊予商人」は、「椀船」という廻船を出していた。「春は唐津、秋は紀州」と、佐賀・伊万里や唐津の陶器を大阪で商いし、帰りの船で紀伊・黒江の漆器を仕入れて、途中の港で行商していた。

この漆器の商売が当たったことから、地元・桜井で漆器を製造することになった。丈夫で安い「桜井漆器」は他の地方でも人気の漆器となった。

明治末期から始まった、桜井漆器の行商は、先遣隊が宣伝を行い、集会所などで見本を陳列して注文を取る。その後、商品を配達する際に集金するというしくみだった。高価な漆器の購買には、月ごとの分割払いも採用。いわゆる「月賦方式」で、現在のクレジットと同じ金融システムだ。

今治は、進取の気性に富み、才覚に溢れた人々がしのぎを削る、まさに「商人の町」であった。

サイクリングを楽しむために全国から多くの人が訪れる愛媛県今治市。門田敏量《かどたとしかず》は青い海に囲まれたこの町で生まれ育った。

自然の力を知る少年

門田《かどた》敏量《としかず》は1940（昭和15）年、父・正行《まさゆき》、母・ヤス子の長男として今治市に生まれた。父の正行は、門田《かどた》縫製株式会社（後のカドタソーイング）という縫製工場を営んでいた。

戦後の今治は、タオルや縫製、造船などの基幹産業を中心に経済を復興し、商業都市としての輝きを取り戻そうとしていた。

正行は、文字通り朝から晩まで工場で働きづめだった。ほとんど家にはいない。

彼は、明治生まれの人間らしく、古きよき日本の伝統的な家庭生活を好んだ。

家事を行う女たちは、男と同じ食卓にはつかない。夫の仕事を支え、子育てをする。

家の切り盛りや客のもてなし、親戚の世話など、家にまつわる一切を、ヤス子が行っていた。

「子どもの頃から親父は相当な人やと思っていた。でも、もしかしたら母親の方が上やったのかもしらん。大人になってから、ようできた女性やった……と思うようになった。気丈夫な働き者やった」

と、敏量《としかず》は回想する。

敏量《としかず》にとって正行は、父であると同時に、はじめて知る「経営者」でもあった。

「海水と太陽、それと松葉があれば、塩は作れる。海沿いの土地は安いし、松葉だって昔はただ同然。海水と太陽は自然の恵み。金もかからずにものが作れるのは理想の商売やな」

と、正行が冗談まじりで笑顔で話してくれたことを今でも覚えている。塩田は今治の伝統的な地場産業だ。

ある日のこと。寝床から起きて厠に向かう際、敏量《としかず》は、父の部屋から明かりがもれていることに気づいた。静かに紫煙をくゆらす気配も分かる。

（眠れなかったんか……）

ふとそう感じたという。払暁がにじむ中、冷たい廊下に佇み固唾をのむ少年。まだ小学校に上がったばかりだが、寡黙な父の苦悩を察した。敏量《としかず》はきわめて感受性の鋭い子どもであった。

敏量《としかず》は「町の子」だったが、今治は自然豊かな土地だ。自転車でちょっと走れば瀬戸内海、山に向かえばミカン畑が広がっていた。子ども時代の遊び場は、海と山だった。

自然は敏量《としかず》の友だちであり、先生でもあった。小学校では水泳部だが、泳ぐのはいつも海だった。

また、すりむいたり、やけどをしたら、よもぎで治せと教えられた。確かに、よもぎの葉っぱをよくもんで傷口に当てれば、数日たつと治ってしまう。たとえば、耳に水が入って調子が悪くなった時も、太陽で温めた石を耳に当てて、しばらくすると、水がしゃーっと流れ出て治っていた。医者いらずである。

敏量《としかず》は、自然には不思議な力があるのだと知った。

そこには絶対的な調和があり、自分にはけっして解くことのできない、大きな理がある。感受性にすぐれた少年は、言葉にはできないがそう感じていた。

敏量《としかず》は、自然は自分とつながっているのだと思った。自然の一部として自分がいて、遊ばせてもらっている……幼い頃からのその感覚は今も変わらない。

自然といえば、敏量《としかず》の体は「今治のうまいもん」でできていた。

瀬戸内の海の幸である。

昔から「同じ瀬戸内の魚でも、漁場によって味がちがう」と言われていた。「来島海峡では潮が強すぎて身が硬い。何といっても桜井の魚が最高、日本一や」と地元の人々は、冗談まじりに言うのだった。

敏量《としかず》は幼い頃から、最高の海の幸、滋味溢れる野菜を食材とする、母の真心こもった料理を食べてきた。人間の味覚は子どもの頃に作られる。生後3〜5カ月から、成人食が食べられるようになる3歳までは、人間の味覚形成にとって最も重要な時期だといわれている。敏量《としかず》の舌は、瀬戸内のうまいもんによって磨かれた。

成長して他県を訪れた時、敏量《としかず》は刺し身を食べるたびに、自分がどれほど恵まれた環境で育ったかを痛感したという。

自然は、父との語らいの場でもあった。多忙な日々の気晴らしだったのだろうか、正行は敏量《としかず》を伴って、魚釣りや鴨撃ちに出かけたこともあった。

一人っ子の敏量《としかず》に、正行はよく問わず語りに仕事のことを話して聞かせた。

「ええ話ほど気をつけろ。お前が知る前に知ってるだれかが必ずおると思え」

「糸偏（繊維業）は深いで、糸偏はなるべくせん方がいい」

「どうせやるなら、人がやらないことをやれ」

どうして父はこんなことを自分に話すのか。よく分からなかったが、敏量《としかず》は黙って聞いていた。

起業してから、敏量《としかず》はふと父の言葉を思い出すことがあるという。当時はピンとこなかったが、（このことやったんか）と腑に落ちることがある。

敏量《としかず》は正行の背中から、商いの基本を学んだ。

それは、いいもんを作っていれば必ずお客さんに伝わるということ。誠実さを貫けば、信頼されるということだった。

正行は敏量《としかず》に、「お父さんのようになりたいか」とは一度も聞かなかった。

敏量《としかず》にはあこがれの職業があった。宮大工と植木職人だ。

庭の片隅にパンジーを植えたり、机に一輪挿しを飾ったり。一人でそんなことをするのが大好きだった。

美しいものや植物とふれあうのが楽しかった。それらを使って、心地よい環境を作ることは彼にとって無上の喜びだった。

青雲の志を抱く

感受性の強い少年だった敏量《としかず》は、成長すると共に、たくましさが増していった。

高校では柔道部に所属し、心身を鍛えた。時には、身を挺して友人同士のけんかの仲裁に入ることもあったという。時代的にも、ちょっとバンカラな青春を謳歌した世代でもある。

胸に秘めていた思いが少しずつふくらみ始め、「将来の夢」となったのもこの頃からかもしれない。

当時の敏量《としかず》にとってのあこがれは坂本龍馬だった。

（狭い世界にとらわれず、人のやれない大きなことに挑戦したい）

日本一の剣術師匠になることを目指して、土佐の高知を後にした19歳の龍馬を思う。江戸に至る山河、海上を合わせて三百里、重い撃剣道具を担いで旅した龍馬。その胸中はいかばかりだったのだろう。道中の疲れや不安などものともせず、花のお江戸への好奇心や期待で、胸がはちきれそうだったのではなかったか。

人に打ち明けることこそなかったが、敏量《としかず》の心の底には常にこんな思いがあった。

大学では特に中国語を熱心に学んでいたこともあり、大学の教授は台湾での大使館試験を受験することを勧めてくれた。

意外にも父はすんなりと承諾した。家業を継ぐ前に、世界に遊学させてやろうと思ったのかもしれない。

父とは異なる商いとの出会い

Ilha Formosa!(イラ・フォルモサ!)

16世紀、長い航海の果てに、台湾の美しい島影を「発見」したポルトガル船の船員はこう叫んだ。「麗しき島」の意である。今日でも欧米諸国では、台湾をTaiwanではなく、フォルモサと呼ぶことがあるという。

九州ほどの大きさの島である台湾は、17世紀のオランダに始まり、さまざまな外来政権に支配されてきた。

日本の統治時代には、道路や通信網、港湾や鉄道などのインフラを徹底的に整備した。南の島の首都・台北には、縦横に広く立派な道路が走る。瀟洒でクラシカルな建物が点在する中に、南洋の樹木や花々が彩りを添える。

日本は特に教育機関の整備に尽力した。台湾の年配者には、美しい日本語を操る人が少なくない。彼らは往時の日本人教師を通じて日本の文化や伝統を知り、親日感情を抱いているという。

日本大学を卒業した敏量《としかず》は、台湾大学の入学試験に合格した。国立台湾大学は、旧台北帝国大学の後身。1928(昭和3)年、7番目に設けられた帝国大学だ。敏量《としかず》は、翌年の試験で歴史研究所(大学院)に進んだ。日本人留学生が合格したことは当時珍しかったという。

敏量《としかず》は、門田《かどた》縫製を継がない決意を生家に告げた。驚いて連絡してきた親戚から、温厚な父が怒り心頭であることを知った。もう戻れない。家業を継ぐことはないのだから、敏《とし》量《かず》は自分で生きていく道を探さなくてはいけなかった。このまま大学院で研究を続け、将来は大学の研究者になろうかと思っていた。

当時の台湾は、経済発展の真っ最中であった。

国民党政権は、1954(昭和29)年の「外国人投資条例」を皮切りに、さまざまな条例を施行。外国人や在外中国人である華僑の投資など、外国資本を積極的に呼び込んだ。1960年代に入ると、外国資本の参入が急激に増加。外国人の投資では日本はトップだった。多くは台湾との合弁企業で、生産した製品は輸出または台湾で販売された。「インフレなき経済成長」の記録を更新する台湾。「低賃金のすぐれた労働力」は、日本のみならず世界の先進諸国から注目される存在だった。

当時の台湾は、ビジネスの世界では極東アジアの拠点だった。アカデミアも同様だ。台湾大学には世界中から富裕層の子息が留学していたという。

台北市には、台湾で事業を展開する大手商社が多数事務所を構えていた。その支店長に抜擢されるのはエリート社員と相場が決まっていた。ほとんどが将来のトップマネジメント候補であった。

世界を翔る商社マンたちの話は刺激的で面白かった。まるで隣県にでも行くように、飛行機に乗って、異国で商売をする男たち。彼らは高度経済成長の波に乗って、不可能を可能にし、大きな商売を成功させていた。会社員とはいえ、当時の商社マンは一匹狼。自分の力量で調査や交渉を進め、何億円という規模の仕事をまとめてしまう。

それは、父の行っていた製造業とはまったくちがうものだった。父はひたすらに工夫を施し技術を磨き、製品の品質を高めることに心血を注いでいた。

商社の男たちは、日本にはない新しい物を世界中に探し求める。輸入された商品は、人々の暮らしをリフレッシュし、潤いをもたらす。それらの商品には、異国の薫りやあこがれが込められていた。商社とは、情報や文化を扱う商いなのだと思った。

男たちは自信に満ち溢れていた。熱い血をたぎらせ、大きな夢を描いていた。また、「もはや戦後ではない」日本の将来に希望を抱いていた。

台湾は歴史的にもとても複雑な地域だ。当時の台湾は戒厳令下にあった。1987(昭和62)年に解除され、自由化が始まるまで、人々の国家権力に対する恐怖は約40年も続いていた。

密告が奨励され、「知匪不報の罪」(匪の存在を知りながら密告しない罪)もあった。台湾独立運動に対する国家の牽制である。

エネルギッシュに経済が成長する水面下では、一部に不穏な動きがあった。

日本人である敏量《としかず》も、その気配を感じることはあった。いずれにしても、政治や経済のダイナミックなうねりは、若い敏量《としかず》に十分すぎるほどの影響を与えた。

敏量《としかず》は、日本人の商社マンたちと、夜を徹して天下国家を論じることもあった。まるで幕末の志士のようであった。

とはいうものの、敏量《としかず》はまだ大学院生の身分である。担当教授からは、アルバイトで学業が疎かになっていると注意をされるようになった。

その一方で、

「勉強ばっかりして……。門田《かどた》、一体お前は何がやりたいんだ。時計は今も回っている。時間は待ってはくれないんだぞ」

と、人生の先輩である商社マンの仲間は、彼をたきつける。

「今、このタイミングで世界に出ないでどうする？　自分の可能性に懸けてみろ！」

やがて敏量《としかず》は、いきいきと仕事をする彼らのようになりたいと思うようになった。

人生は一度きりだ。失敗しても命を取られるわけじゃない。

敏量《としかず》の中で、ビジネスへのあこがれが芽吹いていた。

高度経済成長の波にもまれて成長

台北の商社マンコミュニティで、エネルギーを充填した敏量《としかず》は、ビジネスに対する関心が高まっていた。その一方で学問に対する興味を失い、大学院を中退して帰国。その後しばらくして起業を目指した。事業はもちろん貿易だ。世界を股にかけて活躍し、青年時代から温めていた青雲の志を実現するのだ。

1985年。門田敏量《かどたとしかず》は留学していた台湾を訪れ、当時のことを思い出していた。

起業当初は個人事業だが、大手商社と並ぶ会社を目指した。

だから社名にもその思いを託した。

「門田《かどた》商事」ではなく「三基商事」。

「基本の『基』という文字がまずあって、それにどんな文字を合わせようか……と、思案した。そこで『三』という数字を思いついた。2人の人間が何かを決める時は、パワーバランスでたいてい決まってしまう。でも3人なら、客観的に議論をして、より正しい方向に向かうことができる。そういう会社がいいなぁ、と思って『三基商事』と決めたんや」

加えてこだわったのは音だ。「ミキ」という音の響きがいい。当時は女性向けの舶来品を扱うつもりだったので、女性に好まれる社名にしたかったという。音はやさしいが、文字にするとカチッとした漢字で、企業としての信頼性を感じさせる。また、「三基商事」は、上から下まで左右対称の文字。そんなところにも敏量《としかず》らしい美意識を感じさせる。

創業後まもなく、大阪市北区中之島にある大阪国際貿易センタービルに移転する。大阪国際貿易センターは、1958（昭和33）年に大阪府と関西経済界の共同出資により設立された第三セクター。1960（昭和35）年に日本初の総合商品展示場としてオープンした。その後、35年にわたり、輸出向け商品の常設展示、紹介事業を通じて、大阪の産業貿易に貢献してきた。現在はグランキューブ大阪（大阪国際会議場）として、世界の人・モノ・情報が行き交う総合交流施設となっている。

その大阪国際貿易センタービルに移転したのも、将来のビジョンを見据えてのことだ。まだ従業員は数人。広い部屋に机を三つ並べただけのオフィスだった。

日本初の商社といえば坂本龍馬の「亀山社中」。

龍馬が扱ったのは、新鋭銃ミニエール銃をはじめとする武器や軍艦のユニオン号だった。薩摩藩名義で武器を調達して、幕府から武器弾薬取引を禁止されていた長州藩に転売。長州藩から得た米を、兵糧米不足の薩摩藩に送っていた。

龍馬にとって商社とは、困った時はお互い様……と、両者の強みを交換して、問題解決をサポートする組織だった。物やお金を交換しながら、関わる者同士の結びつきを深め、仲間を作るためのツールだったように思える。

敏量《としかず》の商いは、人々の生活に潤いを与える商品が中心だった。

最初の事業は、ハンドバッグの輸入販売。香港製のゴブラン織、フランス製のオーストリッチのバッグ類。当時は超高級品だ。1960(昭和35)年当時、それらのバッグは一般庶民にはなかなか手に入らないものだった。高度経済成長と共に、少しずつ生活が豊かになってきた女性たちにとってのあこがれの舶来品だった。

当時の三基商事は、現在監査役を務める妻と2人の女子社員だけの小さな会社だった。百貨店やブティックに商品を卸す以外は、頒布会のようなスタイルで商品を販売していた。頒布会でお客様の注文を取って、敏量《としかず》がワゴン車で配達していたという。

頒布会は、お客様の声を直接聞くことができる。そこに集まる女性たちの視線や反応は、次に扱う商品の参考になった。

徐々に扱う商材は増えていった。フランス製の耐熱性ガラス食器「デュラレックス」、輸入化粧品、そして冷凍エビ。

美容石鹸は売れに売れた。毎日百貨店の担当者が直接敏量《としかず》のところに仕入れに来るほどの人気だった。商品の供給が追いつかないほどの大ヒット商品だ。

また、イギリスのトライセル社と提携して、日本で初めてのプリーツスカートの製造・販売も手がけて評判を呼んだ。

三基商事は、日本の高度経済成長の波にもまれるように成長した。

まだ小さな会社だった頃から、敏量《としかず》は確かな手ごたえを感じていた。

女性たちは、美しいものや珍しいものに目がなかった。モーレツ社員の夫が働けば働くほど、給料は上がる。当然家計も豊かになった。やり繰り上手の妻たちは小さな蓄財が得意で、それは化粧品や舶来のハンドバッグとなって箪笥にしまい込まれていた。

1960年代の大阪は急スピードで変貌を遂げていた。阪神高速道路大阪池田線の着工が始まり、市内に高架道路が建設される。市内の運河の埋め立ても行われ、あちこちに高いビルディングが建設された。

1970(昭和45)年、日本万国博覧会が開催された。「人類の進歩と調和」をメインテーマとし、展示館は118。アポロ11号が持ち帰った月の石が目玉のアメリカ館や宇宙をテーマにしたソビエト館には、長蛇の列が作られた。来場者数は、当初の予想を大きく超えた約6422万人に及んだという。

大阪の商人たちもいよいよ活気づく。景気がよいのが目に見えるのはうれしいものだ。

「儲かりまっか」

「ぼちぼちでんな」

と、うそぶきながらも笑いが止まらない。経済成長の追い風を、だれもが肌に感じることができた。時代に追い立てられるように商いをした。

拡大成長基調ではあるものの、ニクソンショック（71年）や第一次オイルショック（73年）など、この時代は国際問題が経済に影響を及ぼすことも多かった。関西でも、トイレットペーパーの買いだめのパニックが起こった。「未曾有の出来事」が庶民の生活を脅かしていた。

三基商事の輸入品販売も、軌道に乗るまでは経営は不安定だったが、

「いつかは世界的に活躍できる、一流の商社になる」

と、将来のビジョンを語る敏《とし》量《かず》の言葉を、10人に満たない社員は絵空事のように聞いていた。

「けったいなこと言って……と思われてたのかもしれません。でも、私は会社の可能性を

信じてました。能力のある人間が3人集まれば、すごいことができると。たった3人でも一国を救えるぐらいの力が出せるはずだと思っていました」

それこそが、敏量《としかず》が会社を興した理由だった。

「心の中で、会社は必ず大きくなると思っていました。だから当時から小さな会社であるという自覚はなかった。いつも大きな組織を頭に描いていたので、労働条件もできる限り大手企業に近づけようと努力しました」

高度成長期までは、日本の会社は日曜休業がほとんどだった。中小企業では、日曜祝日も出社して仕事することが普通だった。そんな中、三基商事の場合、土曜日はいわゆる半ドンで午前中のみ。日曜祝日には一切出社させなかった。

当時の三基商事は、一般的に見たら中小企業。でも、敏量《としかず》の中での三基商事はどんどん大きくなっていく。10年後にはこうして、20年後にはこうなっていたい……、そのイメージを滔々と語り続ける敏量《としかず》に、たいていの人間は面食らった。

「お前のダンナは幕末の志士みたいやな」

妻の父は、敏量《としかず》のことをよくそう言っていたという。

1970年頃には、大手商社からの依頼で、敏量《としかず》は新商品を探し求めて世界中を飛び回るようになっていた。アメリカやヨーロッパ、南米。さまざまな国に行って、珍しいものや流行りものを探す。敏量《としかず》のセンスは秀逸で、日本人（特に女性たち）の嗜好にぴったり合った商材を掘り起こすことができた。それはバイヤーとしての任務だけではなかった。将来の三基商事の主力事業に役立つような、商品やサービスを学び、商いのヒントを探す旅でもあった。

それは、その最中《さなか》での出来事であった。

敏量《としかず》は、アメリカで知り合いの家のホームパーティーに招かれた。単なるパーティーではなく、集まったゲストたちに、ホストが新しい商品をプレゼンテーションする場だった。料理や楽しい会話でおもてなしをして、すっかり場が和んだところで、ホストが商品を説明し始める。敏量《としかず》は驚いた。

それは当時アメリカで普及していた、訪問販売のスタイルだった。興味を持った敏量《としかず》は、ホストにその販売形態についていろいろと質問を投げかけた。

「ミスター門田《かどた》、セールスというのはビッグチャンスなんだ。アメリカでは優秀なセールスマンは、下手な企業経営者よりもずっと年収が高いんだよ」

と知り合いは答えた。

当時の日本では、「営業」とは自社の内容を知るために最初に配属される部署。「とりあえず営業をやらせて、見込みがあったら次に専門的なキャリアを積ませる」と考える企業が多かった。日本は製造業が圧倒的に多いため、開発や製造の部署が重視されがちだったのである。敏量《としかず》自身もずっとそう思っていた。

しかし、アメリカの企業文化では、最終的に販売する人が最も重視される。どんなにいい商品やサービスでも、売れなければ意味がないからだ。

「アメリカのセールスの概念には驚いた。私が出会ったホームパーティーのホストもたいしたセールスマンだった。それ以来、アメリカのセールスについて研究を始めた」

そんな時、「自分で売りたい」という人も現れた。

当時敏量《としかず》が手掛けていた高級ハンドバッグやブランドの服は、他で手に入れることはできないものばかりだった。それらの商品を、知り合いの社長の奥さんや娘さんが「友だちにぜひ欲しいと言われて分けてあげたい」と言う。

そこで彼女たちに商品を預けてみると、しっかりと売ってくれた。友人知人も欲しいものが入手できて、彼女たちも感謝されてお金にもなる。もちろん敏量《としかず》も儲かる。

「信頼できる人に薦められたものを買いたい」

そう考える女性たちが、敏量《としかず》の想像以上にいたことにびっくりした。初めて会う店の販売員は商品の知識はあるが、お客のことはよく知らない。だから、時々とんちんかんなものを薦められることがある。ショッピングが大好きで、ファッションを見る目が肥えている女性ほど、販売員に対する目は厳しいものだ。

ライフスタイルやニーズ、ワードローブの内容までもよく知っている友人ならば、自分に最適なものを薦めてくれる。それは迷惑どころかありがたい話だと女性たちは思うらしかった。自分をよく理解してくれる人からの情報や提案は、彼女たちにとっては価値のあるものなのだ。そして「他では買えないもの」という付加価値も重要らしい。

日本でもアメリカンスタイルの訪問販売が可能なのかもしれない――敏量《としかず》はそう思った。

こんなこともあった。

サンフランシスコに滞在中、ホテルの窓から外を眺めると大きな看板が目に入った。食品のような写真と共に、「健康にいい」というコピーが掲げられている。いわゆるサプリメントの広告だった。

当時、サプリメントや健康食品は、まだ日本には登場していなかった。

（健康になる食品……そんなもんが商売になるんか）

まさにカルチャーショックであった。

日本はファストフードやインスタント食品が流行り始めた時代。ハンバーガーにコーラの食事を好む、アメリカ人を模倣する若者も増えていた。

本家のアメリカでは、すでに次の時代が始まろうとしていた。不足している栄養をサポートする食品が売れる――健康志向の時代である。

第3章 ミキプルーンはこうして生まれた

ものづくりへのこだわり

「門田敏量《かどたとしかず》氏とは、どんな人物ですか？」

と聞くと、彼を知る人々は、ほとんど同じように答えた。

「あまり自分を主張したがらない……。シャイなのかもしれませんなぁ」

一代で会社を起ち上げた成功者といえば、見るからにエネルギッシュで押しが強い人物を想像する。だが、どうもそうではないらしい。シャイで奥ゆかしい人が、どうやってこれだけの事業を成すことができたのだろうか……。

初めて会った門田敏量《かどたとしかず》は、果たしてシャイで奥ゆかしい人物であった。

社長室という完全なホーム状態にありながら、居心地が悪そうで、ちょっと緊張されているのが伝わってくる。口数も非常に少ない。外柔内剛。恬淡《てんたん》な人なのかもしれない。

困った……と思い始めた頃、話題が三基商事の西宮工場のことになると、表情が一変した。

「あの工場には、どれだけ時間とお金を費やしたか……」

と、文字にするとグチのようだが、満面の笑みである。

そして、西宮工場建設に当たってのエピソード、細かい部分までのこだわりについて滔々と語り始めた。

三基商事が自社工場の建設を始めたのは1981(昭和56)年のこと。

それまでは協力会社に商品の製造を委託していたが、売り上げが急速に伸び、商品の供給が追いつかない。それ以上増産を依頼するならば、設備投資が必要だった。そうなると三基商事は発注量を保証しなくてはいけない。成長しているとはいえ、ベンチャー企業であった三基商事にとってそれは簡単なことではなかった。

自社工場を持つしかないという結論にいたり、兵庫県西宮市鳴尾浜の食品工業団地の一画に工場を建設した。1981(昭和56)年3月、ミキエコー37製造用の1号館が完成した。

同年12月にミキプルーン製造用の2号館が竣工。1983(昭和58)年7月に3号館……と、何回かに分けて建設されている。地上5階地下1階の新本館が完成したのは1994(平成6)年10月になる。

それ以降も、商品ごとのラインや充塡機、クッキングスタジオなど、少しずつ設備を充実させてきた。現在の工場が完成したのは2012(平成24)年。足かけ32年かけて完成させたのだ。無理をすれば、短期間にすべてを建設することも可能だっただろう。でも、「身の丈を大切に」、少しずつ土地を買ってこだわりながら造ってきた。工場には、敏量《としかず》自身のこだわりと情熱をすべて注ぎ込んだ。

実際に三基商事の西宮工場に足を踏み入れてみると、工場らしからぬ外観に驚かれることと思う。

新本館は、モダンなモチーフを多用した現代建築。エントランスを入ると、吹き抜けの天井に、らせん階段。大きな現代絵画や家具調度品など、ホテルのような設えだ。

ミキプルーンを製造している2号館は、銅板ぶきの屋根の円形ドーム。幾星霜を経て緑青をふき、実にいい味が出ている。

屋根の下部分はサツキに覆われ、その中から突き出た出水口からの水は下の水路に注がれ、丸い大きな池へとつながっている。池の中で元気よく泳いでいる鯉は、敏量《としかず》が稚魚から育てたものだという。

池の周囲は、やわらかい緑の芝生。季節の花々が咲き乱れ、全国から集められたムク、イチョウなどの50種類もの樹木が茂っている。どの季節でも花が愛でられるように、樹木や花の種類と植栽の位置は考え抜かれたもの。外側から見ると、瀟洒な美術館のようにも見える。

空気を高速でカーテン状に噴き出すエアシャッターによって、虫やホコリは完全にシャットアウト。排水は「金魚がすめるほどのクリーンさ」という敏量《としかず》が掲げた基準を守っている。見た目の美しさだけでなく、大気や水などの環境にも配慮を怠らない。

工場内はとにかくピカピカである。これは誇張ではなく、本当にピカピカと輝いているのだ。

現在では、どこの製造業の現場でも、環境整備に配慮している。5S（整理・整頓・掃除・清潔・躾）を徹底し、ゴミ一つ落ちていないのは常識。だが、残念なことに製造業の現場を美しいと思ったことはほとんどない。コンクリートで覆われた中、圧倒的な存在感を示すがっしりと無骨な機械群、騒音の中で働く無表情な人たち……。そんな印象が一般的ではないだろうか。

ところが西宮工場は、いたるところに照明が設置されていて、工場内を走るステンレスのパイプがその光を反射し、さらにピカピカと明るい。1製品1レーンという構成になっている製造現場は、廊下からガラスを隔てて、歩きながら見学できる。

実際にこの工場を見学した国内外の取引先やミキグループの会員たちもしかり。テーマパークのような工場に驚き、感動するという。子ども見学デーの感想文を見せてもらった。

もともと子どもは「工場」というものが好きだ。ましてやこんなにきれいで明るい工場ならなおさらなのだろう。ほとんどがカラフルな絵入りで、時にはセリフなども入れて、その感動と興奮を表していた。

「環境いうもんの大事さは、なかなか言葉では表せませんな」

と、敏量《としかず》は言う。

空間のあり方によって、そこから生まれるものは異なってくる。

「換気が悪くて暗い工場で働いていたら気持ちも暗くなる。明るくてきれいな工場ならば、自然と前向きになり笑顔になる。うちの製品は、そんな人たちに作ってもらいたい。だから工場内はもちろん、庭の隅々にまで気を配って造ったんです」

環境や空間は人の心に大きな影響を与える。だからこそ、そこには細心の注意を払う。

たとえば、公道からの距離を基準よりも多く取る。門を入ると左側に見える守衛室一つにしても、外側からは人がいるようには見えないが、中からはしっかり外が見えるような造りで、外から見た時に物々しく見えないようにというこまやかな配慮がなされている。

これはバッキンガム宮殿をヒントにしているそうだ。

また、工場の外を歩く人も、塀の上に見える四季折々の樹木に心が癒やされる。

門田敏量《かどたとしかず》のこだわりと情熱が注ぎ込まれたプルーンドーム。工場とは思えないほど緑に囲まれており、見る人の心を癒やす。

自社で働く人だけでなく、ここを訪れる人々、近隣の人々など、この工場とふれあう人にとって、どんな環境であるべきか。それを追求した結果、こうなったのだそうだ。

外から見ると工場にはとても見えない。おかげで、向かい側にある鳴尾浜臨海公園にバーベキューや海釣りにやってきた人たちが、バスを降りると間違って西宮工場に入ってきてしまうということも、しばしばあったようだ。

三基商事の工場の影響からか、近隣の工場でも緑を多く取り入れるなど、この地域の環境はとても向上した。社会への貢献と、工場レイアウトの美しさが高く評価され、西宮市より「都市景観賞」を授与されている。

さっきまでのシャイな面影はどこへやら、

工場の話になると止まらない。

門田敏量《かどたとしかず》は、経営者というよりは、本来はクリエイター気質の人なのかもしれない。「三基商事」というものを創ったクリエイターともいえる。それは東京支社や西宮工場など、意匠をこらした名建築だけではない。

「健康で豊かな生活は、バランスのとれた食生活から」という「理念」、ミキプルーンをはじめとする栄養補助の機能を持ったおいしい「商品」、ミキグループという独特の「販売組織」、そこに連なる三基ブランドを愛用し続ける「会員」たち。三基商事を軸とする一つのコミュニティ、一つの世界を創ったクリエイターといえるのではないだろうか。

近年、敏量《としかず》は折に触れて「もしも西宮工場がなかったら……」と、社員に語ることが増えた。

30年以上もの長い時間をかけて、自身のこだわりのすべてを注ぎ込んだ西宮工場。この工場がなかったら、ミキプルーンというブランドがこの世に誕生することはなかったかもしれない――あらためてそう思うようになったという。西宮工場は、三基商事を象徴する存在と言っても過言ではないのかもしれない。

「いつも食卓にある食品」を目指して

1972（昭和47）年、敏量《としかず》がプルーンエキスの開発に取りかかって、2年がたとうとしていた。

相変わらず敏量《としかず》は、大手商社の仕事で世界中を飛び回っていた。帰国すると、事務所には処理しなければならない山積みの仕事が待っている。その合間を縫っての商品開発だけに、遅々として進まなかった。

進まなかったのは時間の問題だけではなかった。プルーンというもの自体が非常に複雑で、未知の性質を持っているからだ。

当時から、プルーンについてはさまざまな栄養価があることが分かっていた。しかし、その物性については、いまだに分からないことが多いという。

温度変化など、ちょっとした外的刺激によって、その性質は微妙に変わる。だから、商品の魅力となる「味」「風味」「テクスチャー」を決めること自体がなかなかできない。

「プルーンエキスは生きている」

と、敏量《としかず》は思った。

酒や味噌などは、酵母が生きているからこそ醸せる味がある。プルーンも同様で、プルーン自体が持つ、その複雑な物性を上手にコントロールすることができれば、いい味が醸せるはずだと敏量《としかず》は直感的に思った。

粟島行春やモーガン博士が裏付けたプルーンの健康効果は、敏量《としかず》の開発欲に拍車をかけた。

「これは、単なる食品ではない」

という自覚を促すものだった。

このプルーンエキスは、人間の体になんらかのいい影響を及ぼすだろう。ほとんどの食べ物は、人間が食することで栄養やエネルギーを得ることができる。しかし、プルーンには、現代人が不足しがちなビタミンやミネラルなどの栄養が凝縮されている。一定量を定期的に食することで、人間の体質を変えられるほど、大きな影響を与えるのではないか。そうなるとこれは単なる食品ではない。体をよくする、薬になるような食品。たとえば牛乳のようなものだ。

当時の日本人は、牛乳を飲めばカルシウムが摂取できると皆信じていた。だから、ほとんどの家庭は牛乳を切らすことがなかった。多くの家では毎朝家族分の牛乳を配達してもらっていた。紙パック牛乳が主流になってからも冷蔵庫には必ず常備されていた。あの牛乳のように、台所や食卓にいつもある食品。

朝、母親が「プルーン食べた？」と確認してから、笑顔で子どもを送り出す。そんな風景を現実のものにしたいと敏量《としかず》は思うようになった。

複雑なプルーンの味の世界

当時、プルーンという果物を知る日本人はほとんどいなかった。そのエキスを商品化するに当たっては、いくつかの課題があった。しかも単なる商品ではない。牛乳のように、日常的に摂取される、定番中の定番商品になることを目指していた。そのためには何が必要なのか。敏量《としかず》は再び悩み始めた。

おいしい食品であることは絶対条件。どんなに体にいいからといって、まずいものは食べ続けられない。プルーンエキスに求められる「おいしさ」について、敏量《としかず》は思案を巡らせる。口にした瞬間、そして口の中でじっくりと味わう時。どのような味と食感がいいのだろうか。すぐにおいしいと感じるものは、奥行きがなく、飽きられることも多い。また、あまりにも複雑な味は分かりづらく、敬遠されてしまう。健康のために、毎日食べ続けられる食品を目指したい。でも、そのためには、絶妙な味と食感を実現しなくてはならない。

敏量《としかず》は試行錯誤を繰り返して、商品開発に没頭した。

その結果、親しみやすいが、飽きのこない味。遠い記憶にふれるようななつかしさと、日々新鮮に感じられるおいしさ。それを両立することが必要だという結論に達した。

時代にそぐわないと言われても、とろりとした質感にはこだわりたかった。それを変えることは、プルーンの栄養素を損ない、不要な物質を添加することになるからだ。

ただその粘度は重要だ。硬すぎても軟らかすぎても、きっとダメなのだ。

何度も試作を繰り返した。徐々にアウトラインは描けてきた。しかし、味とテクスチャーを磨こうとすると、なかなか決まらない。

「やっぱり……生きてるんやな、プルーンは」

温度や時間を変えながら、トライ＆エラーを繰り返す。

同じ条件下で作っても、素材となるドライプルーンの種類や栽培地区によって、プルーンエキスの出来が相当変わることも分かった。

「いつかは、最高の素材、最高の設備で、プルーンエキスを作ってみたいもんや」

敏量《としかず》のこだわりは、とどまるところを知らなかった。

「これか！」

ようやく、敏量《としかず》のイメージ通りのプルーンエキスが完成した。

見た目は黒々として照りがある。スプーンで掬《すく》うと、見た目よりも軽く、伸びがあり滑らかだ。口に入れると、やさしくなつかしい味。それから、とろりと甘く酸っぱみがあり、喉元を過ぎた頃には、甘酸っぱさがちょっと後を引く。しかし、自然の素材ゆえに、いつまでも味が口の中に残るようなことはない。

この時生まれた敏量《としかず》のレシピが基本となって、現在もミキプルーンは作られている。

衛生的なタンクの中で、水を使ってエキス分を抽出し、その後さらに水分を真空蒸発釜で蒸発させ、何倍にもエキスを濃縮させる。いわゆる「ウォーター・エキストラクト法」だ。

ミキプルーン誕生

数々の試行錯誤を経て、ようやく完成したプルーンエキスは、「MIKI Prune EXTRACT」と命名された。

これは、奇をてらったものではないが、思いつきそうで思いつかない商品名だ。

プルーンという一般名称に自社の名前を冠して「ミキプルーン」。おぼえやすくて、かわいらしい。当時まだプルーンという果実は、日本人には馴染みがなかった。そこへ「ミキプルーン」という名前は、ブランドを感じさせた。

そこにEXTRACTをつけている。「エキス」とは和製英語で、英語では、抽出物やエッセンスを表すEXTRACTが正しい。

三基商事のブランドであるプルーンのエキス。それをシンプルかつスマートに「MIKI Prune EXTRACT」とまとめたわけだ。

そしてもちろん、パッケージにもこだわった。

敏量《としかず》はプロダクトやパッケージのデザインを学んだわけではないが、仕事柄、欧米で流通している商品をたくさん見てきた。その中で、売れるもの、ロングセラーになるものには何か法則があるように感じていた。

これは、ミキプルーンに限らず、後に開発された三基商事の商品すべてに共通することだ。

すなわち「とんがらない」というこだわりである。

デザイン性が高く、シャープなもの、美しいものはもちろんすばらしい。

しかし、三基商事の商品は、キッチンや食卓に常に置かれるものであってほしい。子どもからお年寄りまで、幅広い世代の人々に愛され、食べ続けてもらいたい。

ラベルにはヨーロッパの農園をイメージさせるようなイラストが描かれ、シンプルながらも飽きのこない、日常生活に馴染みやすいデザインになっている。

つまり、どんな家庭のキッチンや食卓にも馴染むものが望ましい。日常の風景の中で、商品が邪魔になったり、目立ったりしてはいけないのだ。

デザインには流行があるが、最先端のデザインはいつか色あせる。新しいものは、必ず古くなってしまう。だからこそ「新しい」「新奇性」という要素はあえて不要と考えた。

それよりも、目にやさしく、手に馴染む、温もりを感じるもの。安心感を大切に、デザインを考案した。

安定感のあるガラス瓶。ヨーロッパの農園をイメージさせるイラストを地に、商品名が印刷されたラベル。それを入れる白い箱にも、ラベルと同じイラストが印刷されている。

ミキプルーンは、誕生した時から、老舗感や定番感のある「食卓にお馴染みの存在」——スタンダードを目指していた。

「健康を実現する商品」という市場

敏量《としかず》は、ミキプルーンの商品開発を通じて、すっかりプルーンに魅せられていた。

それまでは、世界を股にかけて、珍しい物、美しい物を探し求めてきた。それらを日本に紹介し、商品として提供することで、日本人の暮らしに潤いを与え、生活の質の向上に貢献したいと思って商いを続けてきた。

しかし、初めて食品を開発するという経験をして、敏量《としかず》はその面白さに開眼した。開発しながら、思い浮かべるのは、どこにでもある普通の家庭。そのキッチンや食卓だ。ミキプルーンを食べることで、家族全員が元気に健やかに、笑顔で生活をしている。元気に健やかに、笑顔で日々を暮らすこと――。

それは、現代の日本にあっては、そう簡単なことではなくなっていた。

急速な工業化によって破壊される自然環境、大気や水の汚染、長くなる労働時間に比例して、ストレスも増大。一方で、日本人のライフスタイルが急激に変化し始めていた。自然と共にあり、旬を味わう伝統的な食生活から、簡単で便利なインスタント、ファストフードの食生活へ。1970(昭和45)年当時から、すでに日本人の食生活が荒廃することは予想できた。

ミキプルーンは、三基商事そして門田《かどた》敏量《としかず》にとってエポックメーキングな商品だった。世界の逸品をお届けする商社・三基商事から、健康的な食生活を提供する三基商事へ。「健康で豊かな生活は、バランスのとれた食生活から」という理念がすっと定まり、その後の企業活動へ大きく舵を切ったのだ。

瀬戸内・今治という地で、自然の揺り籠に守られて育った敏量《としかず》には、昔から健康に対しては独自の考え方があった。つまり、健康とは病気ではないこと――とはちがうはずだ。もっとそれ以上の状態を意味するものだと思っていた。

「健康とは、心豊かで充実した人生を送るための、最も重要な条件のはずや」

敏量《としかず》は、そう考えた。

「ほとんどの人は、病気になった時に初めて健康のありがたさを知る。でも、病気になる前に、もっと意識して健康を維持することはできんもんか」

そのためには、日々の食事は何よりも大切なものだ。戦後と比べたら日本人の食生活は格段に豊かになった。その半面、食品添加物や加工食品など、健康を害する食品も過剰に摂取するようになっていた。

「もう一度、食生活を見直して、健康な毎日を送るために、三基商事ができることはなんやろう」

敏量《としかず》は、以前アメリカで見たサプリメントの看板広告を思い出した。

健康を実現するための商品、そんな市場がそろそろ日本にできてもいいはずだと思った。「健康食品」という言葉も聞かれるようになったが、それに対する違和感もあった。

健康を実現するには、あくまでも正しい食生活を送ることが基本。現代では不足しがちな栄養をサポートする「栄養補助食品」。それこそが、これからの日本人が必要とする商品なのではないか。

高い品質の栄養補助食品を作ることは、地道に真面目に取り組めば必ずできる。ミキプルーンを作った経験は、敏量《としかず》に自信を与えていた。

しかし、それを多くの人に届けるということについては、一筋縄ではいかないかもしれない――敏量《としかず》は、そう思った。

「健康」よりも、ファッションや娯楽への消費に傾いている今の日本で、スーパーの棚に黙ってこの商品を並べても、その価値を理解してくれる人はどれほどいるのだろう。「健康で豊かな生活は、バランスのとれた食生活から」という三基商事の理念、そして食生活を見直すことの大切さというメッセージがなければ、ミキプルーンの価値は伝わらないだろう。

(普通の商品とはちがう、届けるしくみそのものを考えなあかん)

それがないことには、ミキプルーンを世に出すことはできない。敏量《としかず》はそう考え始めた。

第4章 生命の実・プルーン

人類とプルーン

「ドクター・コーンブルームが電話してきたときには、いやになるほど長く感じられた一週間がたっていた。昼を過ぎた頃で、私はひとりで家にいた。母はあと一時間は帰ってこないし、父の帰宅はさらにあとだ。電話が鳴ったとき、私はテレビの前の寄木の床にすわりこんでいた。膝の上には、ハンガリアン・サラミのサンドイッチと、チョコレートがけプルーンを包んであったビニールが六個分のっかっていた。

コーンブルームは私に、ハーヴェイと呼んでくれと言った。自分は医者で、父のチラシを見て会いたいと思っていると。(中略)

母が帰ってきたとき、私は興奮を抑えきれなかった。よい知らせを告げると、母は私がチョコレートがけプルーンを六個も食べてしまったという事実を大目に見てくれた」

これは、カナダの作家デイヴィッド・ベズモーズギスが描いた「マッサージ療法士ロマン・バーマン」(小竹由美子訳、新潮社刊『ナターシャ』所収)の一節だ。ロシア系ユダヤ人であるベズモーズギスは、現代のチェーホフとの呼び声が高い。物語の主人公は、ラトビア出身で元オリンピックコーチのマッサージ師とその家族。移住したカナダで、父親はようやく免許を取得し治療院を開く。患者が一人も来ない日々に焦る中、頼りになりそうな同郷の医師から一本の電話が……。

新天地での成功を夢見る家族が直面する、異国での厳しい現実。それを静かに受け止め、さらに前に進もうとするたくましさを描いた、切ない余韻が印象的な短編小説だ。

この中に、とても自然な形でプルーンが登場している。

現在はEU加盟国であるラトビアだが、18世紀にロシア帝国に支配されるまでは、周辺国のドイツ、ポーランド、スウェーデンの領土となるなど、複雑な歴史を持つ。

その影響もあるのか、カナダに移住してもこの家族は「ハンガリアン・サラミのサンドイッチとチョコレートがけプルーン」というヨーロッパ的な食生活を送っている。仕事柄、健康に対する意識が高い家族が常食するプルーン。しかも、物語の語り手である9歳の息子にとっては、あるだけ食べてしまうという大好物。

健康に効果があり、子どもも大好き。この家庭では、プルーンがそんな存在であることが伝わってくる一節だと思う。

プルーンは、ヨーロッパではさまざまな絵画や陶磁器などに描かれている。古くから、王室や貴族の間で愛されていた果物なのだ。

その歴史はかなり古い。アルプスの氷河から発見された、冷凍状態のミイラ・アイスマンは、５０００年前に生存していたと推定されている。羊飼いであった彼は、ポーチの中に、鹿の肉やプルーン（セイヨウスモモ）を携行していた。

また、古代エジプトのピラミッドに埋葬された王の墓に、プルーンが供えられたという記録もある。

東洋でも、古くから李（すもも）が食されている。正確にはプルーンではない。薬効のある「乾果用の李」がプルーンの先祖と考えられている。

中国の古代の書物『爾雅《じが》』には、「李」という字が頻出している。また、現存する中国最古の医学書『黄帝内経素問』には、「李は味が酸で、これは五行説による肝に属する。東方の果物である」と述べられている。

日本では、長野県箕輪遺跡や平城京跡にも、李の核果が出土していることから、縄文中期や古代から、食用にされていたことが分かる。

また、万葉集にも、「李」は多く詠まれており、三十六歌仙の一人・大伴家持《おおとものやかもち》の以下の歌はことに印象深い。

「わが園の李の花か庭にふる　はだれのいまだ残りけるかも（巻19、４１４０）」

李(すもも)の白い花びらが散り敷いた様子はさながら残雪のようだと大伴家持は詠んだ。

(私の園のすももの花が、庭に散り敷いているのだろうか。それとも、庭に降った薄雪がまだ残っているのかなぁ)

つまり、当時から李は野生だけでなく、栽培されていたということらしい。

プルーンが属する李は何千年もの歴史があり、世界の各地で食されてきた果実なのだ。

カリフォルニアプルーンのルーツ

プルーンは、バラ科サクラ属スモモの亜属で、学名はPrunus domestica。アメリカでは、特にドライフルーツに適した品種のことを、プルーン(Prune)と呼んでいた(現在は、セイヨウスモモを乾燥させたものをDried Plumと呼ぶことが多い)。

ちなみに、生食用のものはプラム（Plum）。プラムのすべてがプルーンになるわけではなく、種がついたまま乾燥させても発酵しないプラムだけがプルーンになる。

中国の文献では「生食用に適さない種類の李は乾燥させて用いる。これは薬用になるが、生食用の李は薬用にはならない」と書かれている。生食用ではないプルーンを乾燥させると、栄養価が高まり、味もおいしくなる。

ドライフルーツ用のプルーンには、いくつかの種類がある。中でも優良品種とされているのがダジャン種だ。その他、イタリアン種、フェレンバーグ種、シャーマン種などがある。ミキプルーンは、優良品種であるダジャン種で作られている。

現代におけるプルーンの一大生産地といえば、カリフォルニア。

しかし、そこで栽培されているプルーンの発祥は、西アジアのコーカサス地方。その丘陵地帯とカスピ海沿岸付近とされている。

コーカサス地方では、2000年以上前から、プルーンは「生命の実」として食されてきた。すでに古代ギリシャ時代に、コーカサス地方には長寿で健康な人が多いと紹介されていたという。今なおこの地方では、庭でプルーンを栽培している家も少なくない。

紀元前、中国と西アジア・地中海沿岸地を結んだ交易路「シルクロード」。コーカサス地方に立ち寄ったキャラバンは「生命の実」の存在を知る。彼らは旅の保存食としてドライプルーンを持ち運んだ。それだけでなく、プルーンの苗木もヨーロッパの各地に運んだ。

カリフォルニア産のプルーンのほとんどは、優良品種であるダジャン種。そのルーツは、南フランスのアジャンという町だ。2000年以上前からプルーンの栽培は行われていたが、アジャンにプルーンが伝えられたのは12世紀頃と記録されている。

南フランスで改良されたプルーンが、なぜ海を渡ってカリフォルニアにたどり着いたのか。そのキーワードは「ゴールドラッシュ、そして夢の挫折」だ。

きっかけはゴールドラッシュ

19世紀、アメリカのカリフォルニアで起きたゴールドラッシュ。

一攫千金を夢見て、アメリカ国内だけでなく、ヨーロッパからも多くの人々が、シエラネバダ山脈の麓の町やサンフランシスコに押し寄せた。その中の一人に、ルイ・ペリエがいた。南フランス・アジャンの町の出身である。

ペリエの肩書には、園芸学者あるいは植木職人、葡萄園経営者など諸説ある。いずれにしても、プルーンや葡萄の栽培に携わっていた専門家であった。ペリエは果樹園や葡萄畑での暮らしに飽き足りず、フランス国内を旅していた。ドライフルーツを売りながらの気ままな旅。やがて、北アフリカからポルトガル、南米へ……と、世界を旅するようになった。彼はチリへの移住を考えていた。32歳の頃である。

その頃、カリフォルニアでは、農場主であるジョン・サッターの使用人、ジェームズ・マーシャルが、サクラメント東方の川で砂金を発見する。これと前後して、メキシコから割譲された土地がアメリカの西部領土に。突然新天地となったカリフォルニアの金鉱脈を目指して、国内外の採掘者や開拓者が殺到する。そのニュースを聞いたペリエは、即座にカリフォルニア行きを決意した。

数年の間に、カリフォルニアの人口は20万人に急増し、西部開拓は急速に進んだ。しかし、夢見る冒険者たちの中で、大金をつかむことができたのはほんの一握り。ペリエも夢をあきらめざるを得なくなった。

そこでペリエは、サンフランシスコを目指した。シエラネバダ山脈の麓の町は冬の寒さが厳しく、南フランス育ちの彼にとっては耐えがたいものだった。そこで、フランス系移民が多く住んでいる、暖かく暮らしやすいサンノゼに移住した。一攫千金の夢は破れたが、この新天地で生きていかなくてはならない。ペリエはフランスでの果樹栽培の経験を生かそうと、小さな農園を買った。そこにフランスから持ってきていた果実の苗木を植え、自分の農園「ペリエ・シティ・ガーデン」を造った。

一攫千金の夢を失ったペリエには、果樹栽培に関する知識、そしてフランスの果樹園で習得した技術があった。彼は小さな農園に、情熱を込め、それらをすべて注いだ。

その頃、カリフォルニアで栽培されていた果実は、アプリコットや桃が主だった。

しかし、ゴールドラッシュを機に、ヨーロッパからやってきた多くの移民たちにとっては、プルーンはなつかしい味。人口が急増した同州では、食糧の需要も高まっていた。

「ペリエ・シティ・ガーデン」は、急速に成長する。

農園経営も大仕事となり、フランスから兄弟のピエールを呼び寄せ、共同経営者に。ピエールは、渡米の際、故郷アジャンの果実の苗木や接ぎ木を持参した。その中には、ペリエが愛した「ダジャン種のプルーン」(La petite prune d'agen)の苗木も大切に梱包されていた。

ペリエは、ダジャン種の苗木を、カリフォルニアに自生していたプラムの木に接ぎ木した。

これが、現在のカリフォルニアプルーンが誕生するきっかけとなったのだ。

「生命の実」と肥沃な大地のマリアージュ

「カリフォルニアは、プルーンにとって最高の土地だ！」

ペリエはそう思ったにちがいない。プルーンは、古来、世界各地で食用されていることから考えてもたいていの場所で栽培できる。しかし、カリフォルニアの気候風土に勝る土地は、他にないだろう。

大地に降り注ぐ太陽の光によって、昼間は気温が高く、夜は寒い。いわゆる寒暖の差が激しいのだ。光合成が行われる昼間の気温が高ければ、呼吸が盛んになり糖が多く産生される。夜の気温が低いと呼吸が浅くなり、ためこまれた糖の消費が少ないので、糖が実の中に多く蓄積されていく。

また、カリフォルニアは雨が少ない。日本のように雨が多い国では、雨によって土地の成分、ミネラルが流れ出てしまい、酸性に傾く。雨量が少ない土地の土は肥沃で、作物にも大きな影響を与える。さらには、シエラネバダ山脈の雪解け水が、プルーンの木々に磨きをかける。

ペリエ兄弟は、最高の気象条件と土壌を生かして、丹念に台木に苗木を接ぐ作業を繰り返し、時間をかけて良質なプルーンの木を育て続けた。プルーンの乾燥方法も改良し、1869年の大陸横断鉄道の開通によって、一気に市場が拡大。「ペリエ・シティ・ガーデン」のプルーンは、大人気となった。

ところが、1872年、ペリエは55歳でこの世を去った。彼は彼自身の仕事が、どれほど大きな果実に成長したかを知ることはなかった。

1900年頃には、カリフォルニアのプルーン畑は9万エーカーにも拡大。現在では、サクラメント、サンタ・クララ、ソノマ、ナパ、サンワーキン渓谷にも広がり、世界のプルーンの生産量の約41%が、カリフォルニア産といわれている。

金脈こそ掘り当てることはできなかったが、ペリエの偉業は後の歴史を大きく変えた。

フランスの最高品種プルーン、そしてカリフォルニアという土地とのマリアージュ。すぐれた品種を、温暖な気候のもと、肥沃な大地で育てることによって、現在のカリフォルニアプルーンの原形が誕生した。実際にカリフォルニア産のダジャン種プルーンは、カリフォルニア・フレンチ・プルーンと称されている。カリフォルニアのプルーンはアメリカの全生産量の約99%を占めている。

コーカサスからカリフォルニアにいたるまでの、2000年に及ぶ時間、そして道程。

ペリエという一人の男の行動によって、それらがつながり、大きな産業に発展したのだ。

もちろん、ペリエ兄弟が作ったプルーンと今日のものは異なる。

現在のカリフォルニアプルーンの品種が完成するまでには、さらに約30年という年月が必要だった。

プルーンは、切り接ぎという方法で栽培される。台木となるプラムの木に、プルーンの苗木を接ぐ。たくましく、病気にも強い台木が見つかるまで、何年も何回も試験栽培が行われた。苗木からプルーンの果実が収穫されるまでには、約6年かかる。

6年たって、ようやく白い花が咲く。新しい品種を作る場合は、人工的に花粉の交配を行う。その内容と経過を記録し、最高の組み合わせを探すのだ。結実《み》したプルーンは、実生苗《しょうなえ》として植えつけられ、ある程度成長すると再びプラムの台木に接がれる。これを延々と繰り返した。

このように、カリフォルニア大学とアメリカ政府農務省の協力のもと、莫大な費用と労力をかけて、プルーンの品種改良が行われた。

その結果誕生したのが、カリフォルニア・フレンチ・プルーン（ダジャン種プルーン）だ。美しい紫色の外皮を剝くと、琥珀色の果肉が現れる。歯ごたえがあり、たっぷりと果汁を

さまざまな試行錯誤、約30年という月日を経て今のカリフォルニアプルーンが誕生した。

含んだみずみずしい実は、ほのかな芳香を放ち、もぎたてはこたえられないおいしさだ。

プルーンの栄養成分

2000年以上も前から「生命の実」と珍重されてきたプルーン。今なおミラクルフルーツとも呼ばれ、栄養価が高いことで知られている。

栄養学的に捉えた場合、プルーンにはどのような栄養素が含まれているのか、あらためて見てみよう。

●ビタミン

人間が生きていくために欠かせないのがビタミン。1日に必要な量はわずかだが、不足するとさまざまな症状(欠乏症)が起こる。プルーンには、人間が健康を維持するために欠かせないビタミンが何種類も含まれている。

β-カロテンは体内でビタミンAと同様の作用（目や肌の健康維持・発育促進など）をする。また、抗酸化作用もある。ビタミンB_1は、代謝をサポートし、神経機能を維持。ビタミンB_2は、主に皮膚や粘膜の健康維持を助ける。またビタミンB_6は、たんぱく質の代謝を助け、多くの酵素の補酵素として働く。さらには、エネルギー産生の補酵素となるナイアシン、皮膚や粘膜の健康維持をサポートするパントテン酸が含まれている。

●ミネラル

ビタミンと同様に、体の機能を維持し調整するために不可欠な栄養素。ミネラルは体の構成要素にもなっている。栄養的側面から見た、プルーンの大きな特長は、ミネラル分が豊富ということだ。

カリウムは、細胞外液中のナトリウムとバランスを取り細胞を正常に保ち、血圧を調整する。赤血球を作るために必要な鉄は貧血を予防する。骨や歯を作るカルシウムは、筋肉運動や神経系にも重要な働きをしている。またプルーンには、骨や歯を作るために不可欠な栄養素で、エネルギー代謝のサポートをするマグネシウムも含まれている。

●食物繊維

プルーンの特長として、食物繊維が豊富であることも見逃せない。第6の栄養素として重要視されている食物繊維は、腸内環境を整え、コレステロールの吸収抑制などの働きがある。

●ファイトケミカル

第7の栄養素と目されているファイトケミカル。野菜や果物など、植物性食品の色素やアク、香りなどから発見された化学物質だ。抗酸化力や免疫力のアップなど、健康維持や改善に役立つことが期待されている。

ファイトケミカルの中でも、もっとも知られているのがポリフェノール。活性酸素を除去する強い抗酸化作用がある。プルーンには、ネオクロロゲン酸やクリプトクロロゲン酸、クロロゲン酸など、強い抗酸化力を持つポリフェノールが多く含まれている。

ビタミンやミネラル、食物繊維、そしてファイトケミカル。プルーンには、人間が健康を維持するために必要な成分がぎゅっと凝縮されている。だからこそ「生命の実」として、2000年以上も前から大切に食されてきたのだろう。

ここで紹介した成分は、微量だが常に体内に必要なもの。また、それらのバランスも重要だ。

どれかを過剰に摂取すれば、適正な栄養バランスは崩れてしまう。

絶妙な栄養バランスを実現した天然の食材・プルーン。さまざまな成分の組み合わせが、人間の体にもたらす効果を、古代から人類は体感していた。だからこそ、世界のさまざまな地域でプルーンは珍重され、王墓に埋葬されたり、絵画に描かれたりしてきたのだろう。シルクロードの隊商や十字軍も、「生命の実」の価値を知ったからこそ、自らその苗を運び、異なる文化圏に広めていった。

一攫千金の夢を抱いた男が、プルーンを最高の気候と土壌の地に出会わせ、根付かせたことも、単なる偶然とはいえ、不思議な縁を感じさせる。

この数奇な運命をたどったミラクルフルーツに、門田敏量《かどたとしかず》は何かを感じたのかもしれない。

20世紀、プルーンの伝説はふたたび動き出すことになる。カリフォルニアプルーンはさらに海を渡り、さまざまな日本人の意識や人生を変えていったのだ。

第5章

急速に広がった「健康運動」

独自の販売システムを開発

門田敏量《かどたとしかず》はひたすらに、考え続けていた。

ようやく完成した新商品「MIKI Prune EXTRACT」を、どうやって世の中に送り出すべきか。

順調に成長してきたとはいえ、創業して間もない時期。商社だった三基商事は、食品業界においてはまったくのニューフェイスだ。しかも、栄養補助食品という、多くの日本人には馴染みの薄い商品。まだ市場そのものがない状況だった。

敏量《としかず》が今まで貿易によって手掛けてきた商品は、すぐにその価値が理解できるものが多かった。高級バッグやプリーツスカート、ブランドものの服などは、見る人が見ればすぐにそのよさが分かる。三基商事の顧客である百貨店のバイヤーや、さらにはその先の一般消費者。ファッションやブランドの価値が分かる人に届くような販路に乗せれば、自然と商品は売れていった。

当時、ミキプルーンの販路として可能性があるのは、スーパーマーケットなどの小売店舗だった。1970年代は、スーパーマーケットが隆盛した時代。スーパーマーケットのダイエーは、「よい品をどんどん安く」(Good Quality Best Price)と価格破壊をスローガンに、チェーン店を全国に拡大していた。

三基商事は、創業以来一貫して商品の品質にこだわってきた。メーカーとしても同様だ。当時はアメリカの農園からプルーンを輸入していたので、特に為替の変動によるリスクを考えた時、自分の力ではコストをコントロールできなくなってしまう。そんな状況で、高品質な商品を長く提供し続けるのは難しいと思われた。

また、見るだけで価値が判断できるアパレルなどとは異なり、食品は食べてみなくては、そのよさが分からない。さらには健康に関連する食品となると、一度や二度ではなく、ある期間継続して、はじめてその効果が実感できるものだ。食品業界ではまだ無名の三基商事の商品を、スーパーの棚から手に取って、カゴに入れてくれる人がどれだけいるのか。敏量《としかず》にはまったく想像がつかなかった。薄利多売をモットーとする食品会社の商品と同じ土俵では、自分たちは戦えないし、また、戦う必要もないと思った。

それだけではない。ミキプルーンは、人々の健康を実現する商品だ。その価値を理解できなければ、買ってもらえないだろう。「健康で豊かな生活は、バランスのとれた食生活から」という三基商事の理念、さらにはミキプルーンの価値を伝えること。そのために何をしたらいいのか……敏量《としかず》は、幾度となく考え続けていた。

考えをシンプルに詰めていったところ、プルーンを商材にすることになったきっかけに立ち返った。何の商売っ気もなく、プルーンエキスを知り合いに配った頃のことだ。

「主人が寝汗をかかなくなった」「なんとなく体の調子がいいみたい」「続けてみたい」……。

こんな予期せぬ反応があり、それによって、プルーンになんらかの働きがあるらしいことを知らされた。プルーンのよさを体感した人は、「もっと続けてみたい」と自ら言い出し、さらには「お中元に贈りたい」と知り合いにも薦めたいと思うようになった。あの本来の形をシステム化できないものか。

つまり「伝える人」がメディアなのである。ミキプルーンのよさを自分自身で実感した人が、それをもとに商品のよさをだれかに伝える。テレビや新聞など、メディアが広告宣伝の花形となった時代に、あまりにも旧式なやり方かもしれない。一度に伝えられる人数は少ないかもしれないが、確実な方法だ。何よりも、ミキプルーンの価値そのものを自分たちで評価できる上に、その価値を守ることができるのだ。

そこで敏量《としかず》は、ミキプルーンにふさわしい販売システムを自分たちで開発することにした。プロジェクトチームを組み、毎日のように、夜遅くまで数人で議論を重ねた。

「1カ月半ほど議論を繰り広げました。深夜までかかって、みんなで案を練るわけです。お客様と販売会社、そして三基商事。三者にとってメリットがある〝三方よし〟を形にしたい。でもそれがたいそう難儀なことで……。三者が納得して、継続していける。そして、みんなが豊かで幸せになるにはどこをどう調整したらいいのか、それぱっかり考えて堂々巡りに。あの時は本当に大変やった。苦しんで考え抜きました」

かくして、ミキプルーンの販売システムは完成した。当初のイメージ通り、既存の流通形態ではなく、メディアでの広告宣伝も行わず、「人から人へ価値を伝える」。その一点にこだわった。一般的には「訪問販売」といわれている販売システムだ。ただし、三基商事の場合は、巷で知られていた訪問販売とはまったく異なり、突然、他人の家のドアをノックすることはなかった。

それは、小売店舗を介さずに、知り合いなどに直接会ってミキプルーンを薦めるというシステムだ。

連絡を取って、先方の自宅を訪問することもあるし、自宅を開放して人を招き、商品のプレゼンテーションをする場合もある。自分の知り合いが、また知り合いに伝え、その知り合いが他の人に伝える……と、人と人とのつながりを通じて、三基商事とミキ商品の情報を伝え、その輪をどんどん広めていくのだ。

全国で説明会を開催

販売システムは開発できた。今度は、販売を担う「仲間」を探さなくてはならない。

最初の説明会は1972（昭和47）年、大阪市北区中之島の大阪ロイヤルホテル（現・リーガロイヤルホテル大阪）で華々しく開催した。約100人の来場者に、ミキプルーンの商品概要、また販売システムをプレゼンテーションした。

説明終了後のトークセッションでは、すでにサンプルを食べていた人がその感想を自ら話してくれた。それが、敏量《としかず》の説明に加えて、商品の信頼性を裏付けることとなった。

これ以降、敏量《としかず》とスタッフは、日本全国を奔走することになる。東北から九州まで。説明会に来てほしいという声があれば、どこへでも行った。

参加人数50人を予定していた会場に行くと、1人しかいないということもあった。開催者は恐縮するばかり。でも、敏量《としかず》たちは、いつものように真剣に説明会を行った。相手が1人でも2人でも構わない。確実に理解してもらって、自分たちの理念に賛同してもらえれば、それだけで来た甲斐があったというものだ。

この年は、一年のうち300日は、出張に費やされた。出張といっても企業相手の商談とはちがう。町から離れた山奥の村の集会場や、公共交通機関のない場所も多く、車で移動している時間の方が圧倒的に長い。ちっとも効率的ではないのだが、とにかくお声がかかれば、どこにでも行った。

ミキプルーンは絶対によい商品だ。原料であるプルーンの栄養成分については、バークレー大学のモーガン博士がまとめた研究論文もある。ミキプルーンを一人でも多くの人に食べてもらって、健康的で豊かな生活を実現してほしい——。

どこに行っても言うことは同じだった。ひたすらに、三基商事の理念とミキプルーンのよさをアピールし続けた。敏量《としかず》たちの熱意が通じたのか、少しずつミキプルーンは売れ始めた。

1973(昭和48)年8月、関東での第1回説明会を行った。神奈川県の上大岡駅前の会場に集まった参加者は8人だった。翌月の第2回説明会には、約50人の参加者が集まった。この頃、敏量《としかず》たちの情熱を理解した人々が、後に有力な代理店となり、神奈川県を中心に強靭なネットワークを形成。関東で本格的にミキプルーンを販売するだけでなく、その後はここが中心となり、急激に売り上げを伸ばしていった。

「売らんでいいっ！」と一喝

ミキプルーンを発売して半年後、敏量《としかず》はセールスマニュアルを作成した。今後広範囲に及ぶ代理店の販売品質を保つために、ある教育機関に依頼して、独自の販売システムを明文化したのだ。

そのマニュアルには、商品やシステムの説明と共に、三基商事の経営理念も盛り込んだ。それは「心からこころへ」という文言だった。

三基商事のＰＲ誌『リプル』の創刊号（１９８３年3月1日発行）では、敏量《としかず》自ら「私の好きな言葉」として「心―こころ」について筆を執っている。

「商売には駆け引きがあるというのが世間一般の常識のように思われがちだが、私は駆け引きなしでやっている。初めは信じてもらえないかもしれないが、他の方法を知らないから、創業以来それで通してきた。

商いという仕事には無数のファクターがあるわけで、その中でどれが正しいかは誰にも分からない。ただ一つはっきりしているのは、会社間の取引であっても結局は、個人と個人の話し合いであり、人間関係だということだ。商売の中では常に人間味ある解決の仕方を心掛け、知識や理論、数字だけに頼らない。真に血の通った商売をすべきだと思って、そう心掛けてきた。

なりふり構わず目標にまっしぐら、では人生の意味はないように思える。商いを通じてどうすれば人間の温かみを伝えられるのか、それを考えてこそ人間味のある商売ができるのではないだろうか。

心からこころへ、自ら心の豊かさを創り出す努力こそ人間の基本だと思うのだが――」

ミキプルーンを売るということは、ただ単にものを売るのとは異なる。どうやって伝えるかによって、商品の価値はまるで変わってしまう。そのためには売る人がどんな人間であるかが非常に重要なのだ。そこで三基商事では、代理店の試験制度を導入した。

当時、いわゆる訪問販売を採用している企業では、希望者はだれでも代理店になれるような風潮があった。お車代を払ってまで代理店を募集していた会社もあったという。

「代理店になるためになぜ試験があるのか、どうしてわざわざ本社に行かなくてはいけないのか。当初は不思議に思いました。当時はそんな会社、聞いたことがなかったですから」

ある代理店のそんな述懐が記録に残っている。

彼の脳裏に浮かんだ疑問は、面接が始まると共に一掃された。採用希望者と面接する敏《とし》量《かず》の真剣な態度、商品だけでなく健康についても深い知識と理解を求め、人間性を高めようとする姿勢を目の当たりにして、「この人は本気だ」と理解したという。

「私は、まずミキプルーンを食べてほしいと言いました。商品が持つ価値に納得した上で、勉強をして、それから販売してほしかった。どんなにセールスの経験があって、販売力がある人でも、私たちの理念を十分に理解してくれた人でなければ、絶対に代理店契約を結ばなかったのです」

敏量《としかず》は、ミキプルーンを開発した時と同様に、システム作りにも妥協は許さなかったのだ。

当時の代理店面接は、すべて敏量《としかず》自身が行った。1人につき2時間あまり。面接とはいえ、敏量《としかず》自らが真剣勝負。1日に4人も面接をすれば疲労困憊《こんぱい》だ。ビジネスのパートナーとなりうる相手かどうか、真摯に見極めようとしていたからだ。

言うまでもなく、代理店——セールスパーソンとは、商品を売る重要な役割である。彼らの動きによって、売り上げは大きく変わる。だがそれ以上に、人から人へ伝える販売システムで重要なのは、顧客との信頼関係だ。商品を紹介して売る、その代金をいただく。そのシンプルな「商い」の中に、少しでも誠実さが欠けたら、ミキプルーンそして三基商事全体への信頼に傷がつく。

どんなに時間をかけて、こだわって高品質の商品を作っても、セールスの現場での不用意な一言によってその価値を損なうこともある。信頼と価値を築くためには、途方もない時間と労力が必要だが、たった一瞬でそれを失うこともあるのだ。

だからこそ敏量《としかず》は、慎重に面接を行った。

「ビジネスのスキルや経験なんてどうでもいい。商品知識や健康についても勉強すれば覚えられる。ただ、一生の仕事にしてほしかったから、本気でやる気があるかどうか……それだけを知りたかった」

代理店が増えると共に、北海道や沖縄からも、交通費を負担して面接試験に臨む人も現れた。

不合格と決まって泣き出す人も。一度目の面接で落ちて、勉強して再度チャレンジ、合格と告げられた時は、椅子から転げ落ちるほど喜んだ女性もいたという。

ユニークだったのは、代理店試験だけではない。

代理店に合格しても、すぐにセールスをさせようとはしなかったのだ。

厳しい試験に合格して、すぐさま知人にミキプルーンを薦めようとした女性がいた。

その情報を聞いた敏量《としかず》は、一喝した。

「売らんでいいっ！」

と、すごい剣幕で怒鳴ったという。

その噂はたちまち代理店の間に広まった。

「三基の社長さん、営業したら怒るらしいわよ」

「関西の人だから、冗談がお好きなんじゃないの？」

「それがほんとに、激怒したらしいのよ」

ビジネスの世界で、売らなくていいという経営者がどこにいるのか。

「代理店面接の際、私は彼(女)らに、何度も言ったんです。自分で食べて、その効果を納得してから人に薦めてほしい。自分が納得しないうちは、絶対にやらんでほしいと。試験に受かって一日二日でミキプルーンのよさなんて分かるわけがない。それを守らないから怒った。私も必死だったんですな」

敏量《としかず》は苦笑いをしながら、そう語った。

面接試験での真剣さ、ルールを守らない人間への怒りを知った代理店のメンバーは、そこに敏量《としかず》の矜持を見た。

「門田《かどた》社長が明文化した理念とルールは本気で守らなければならない」

その後、代理店のメンバーは続々と増えていったが、このことは各メンバーの胸に深く刻まれることとなった。

健康運動を推進するミキグループ

募集当初、代理店契約をした人は男性がほとんどだったという。しかし、徐々に女性の数が増えていき、現在ではミキグループメンバーの9割以上は女性である。

「男性は、ビジネスの意識が強いからでしょう。人に会わずに、地域の人口を調べたりして、データや数字ばかり追っかけとる。少しでも早く、多く……と、とにかく効率的にやろうとするんですな。でも、女性はそんなことおかまいなし。『ミキプルーンがいいから伝えたい。健康になってほしい』という一心なんです。時間がかかっても、その強い思いは相手に伝わる。結局、それが成果となっていったんでしょうな」

女性たちはデータも効率も関係ない。「これがいい」「健康になってほしい」と伝えることで、相手の心を動かす。それこそが、敏量《としかず》が願っていたミキプルーンの広め方だった。

敏量《としかず》たちが考案した独自の販売システムは、「ミキグループ」が中心となっている。

ミキグループとは、三基商事とミキの理念に共鳴するメンバーが一体となって、ミキ商品を紹介することで、広く社会に貢献することを目的とし、メンバー相互の信頼関係を築くことを基本としている。

ミキグループは、ミキ会員、営業所、代理店で構成されている。

ミキ会員とは、ミキ商品を購入する愛用者。

営業所は、ミキグループの中心として、ミキ商品の販売促進に努め、組織の維持管理を行う。月に一度の営業所会議への出席が義務づけられている。

代理店は、ミキグループのリーダーとして、管理や指導、サポートを行う。メンバーのために、ミキプルーンの食育、勉強会、営業所会議などを企画し、開催する。

営業所と代理店になるためには、クリアすべきそれぞれの条件がある。また、営業所から代理店に昇格するためには、筆記試験と面接試験に合格しなければならない。

ミキグループの活動の根本には、「ミキの健康運動」がある。

ミキの健康運動は、1972（昭和47）年のミキプルーンの発売以来、「健康で豊かな生活は、バランスのとれた食生活から」という理念のもと、大きな輪となって広がっていった。

健康運動の理念は、敏量《としかず》の考案によるもの。それを、ミキグループのメンバーが自主的、かつ草の根的に盛り上げていったからこそ、ミキの健康運動は商品と共に、すさまじい勢いで世の中に広まっていったのだ。

メンバーは、自宅を中心に「勉強会」を自主的に行う。商品や販売システムの学習、メンタル面での動機づけなどが目的で、情報交換なども行っている。

また、ミキ商品を使った料理などを披露する「ホームパーティー」を開催。知らない人を招待して、ミキの商品を体験してもらう。ミキグループの理念、健康運動についても伝え、理解してもらうことを目的としている。

代理店になると、さらに多くの活動を行うことになる。

「ミキグループ愛用者の集い」通称「集い」（現・ミキプルーンの食育）」は、ミキ商品の無料説明会。企画、運営は代理店が中心となって行っている。大小さまざまな規模の会場で開催され、月に平均して、１００カ所（２０１７年現在）ほどで行われている。

それ以外にも、各地区の代理店が主催し、三基商事が後援する有料のセミナー、栄養学などの講演会も実施。それらを通じて、ミキ商品の必要性、健康運動の大切さを知ってもらうのが狙いだ。

訪問販売システムを採用している他の企業との最大のちがいは、この「健康運動」という理念にある。もちろん、営利団体である以上、ビジネスによって収益を上げ、利益を分配し、組織を維持することが第一義。しかし、その核には、ミキグループのメンバー全員が共有している理念と行動規範がある。これがあるからこそ、ミキグループのメンバーは、他では見られない強い絆によって結ばれているのだ。

徹底した販売店教育

ミキグループは、その組織体制も独特だ。

通常、運営母体と販売グループは、大企業と協力会社のような上下関係になりがちだ。しかし、三基商事と販売グループの場合は、双方が対等な協調関係にある。そこには深い信頼感があり、一体となってミキグループを成長させようという思いがある。

三基商事の営業部は、販売グループをサポートするために仕事をしている。あくまでも、主役はミキグループのメンバー。彼女たちが、よりアクティブに、いきいきと活動ができるように、こまめに情報交換を行い、サポートを行っている。

三基商事の重要な仕事の一つに、販売店教育がある。

ミキグループが活動を展開する上で、遵守しなくてはならないルールを徹底させることだ。敏量《としかず》が何よりも「自らが納得してから売る」ことを求めていたように、その理念を理解してもらうこともちろん大切だ。加えて、企業として、またミキグループのメンバーとして、社会的な信頼を得るためには、法律を遵守することが不可欠。それは、三基商事の販売店教育のテーマとなっている。

ミキ商品の場合、栄養補助食品や化粧品などが薬機法(旧・薬事法)の対象となっている。食品は薬機法の対象外だが、健康食品や栄養補助食品の増加に伴い、厚生省(当時)は「無承認無許可医薬品の指導取締りについて」という通知を出し、食品に対しても薬機法的な解釈による基準を設けている。この通知は、1971(昭和46)年6月1日に各都道府県知事あてに出され、以降、度々改正を繰り返している。

無店舗販売を対象とする法律として、1976(昭和51)年に施行されたのが「訪問販売等に関する法律」(現在の「特定商取引に関する法律」:特商法)だ。当時はまだ新しい流通形態だったこともあり、業界自体が未成熟な状態のため、一部の業者と消費者間のトラブルが続発。一時は社会問題にまで発展した。それを規制するための特別法である。

具体的には、事業者の氏名等の明示、売買契約での書面の交付、契約の申し込みの撤回または契約の解除(クーリング・オフ制度)など。これらの特商法についてもメンバーへの教育を徹底させている。

健康運動を推進するミキグループにとっては、社会的信頼を失う行為は致命傷となる。薬機法や特商法は、むしろそれを遵守することによって、企業とグループの健全性を社会的に認識してもらう契機と捉え、常に積極的に教育指導を行っている。

ミキ会員から営業所に昇格したメンバーを対象とする「営業所研修」では、本社やミキグループの紹介、販売システムの説明を行っているが、中心となるのは薬機法と特商法についての講義。

受講後、メンバーはテストを受け、合格者には特商法を正しく理解した販売員であることを証明する「訪問販売員教育登録証」が交付される。

この試験を指導している公益社団法人日本訪問販売協会は、訪問販売業界の健全な発展と販売員の質の向上のために、経済産業省の委託を受けて販売員の教育を実施している機関。三基商事はその正会員であり、ミキグループは、協会の指導のもとですべての販売店教育を行っている。試験の合格率は90％を超えるが、合格したら終わりではなく更新制度を取っており、3年ごとに講義を受けなくてはならない。

代理店を対象とする研修も、1年目、3年目、5年目と、キャリアに応じた内容で開催されている。ミキ商品やそれらを使った料理、あるいは先輩代理店の講話などを学ぶ充実した内容となっている。近年は、親の代理店業務を引き継ぐ子女らを対象にした「継承者研修」も開催されている。

また、ミキグループの販売活動を活性化させるために、さまざまなインセンティブを実施している。インセンティブは、三基商事、ならびにミキグループが、50年にわたって成長し、社会的にも認知される存在に成長できた要因の一つでもある。

自社メディアを啓蒙ツールに

1974（昭和49）年以降、ミキプルーンの売り上げは、右肩上がりの絶好調となった。

1974（昭和49）年は、第1回全国大会を大阪ロイヤルホテルで開催。三基商事は着実に成長拡大を遂げていた。

同年1月、ミキグループの会報誌『素顔』を発刊。その誌面からは、当時の三基商事、そしてミキグループの様子を知ることができる。

巻頭言は「食品公害　日本の消費者哲学」として、食品添加物に対して警鐘を鳴らしている。「細菌汚染の少ない自然食品は勿論、バランスのとれた栄養食こそ最良」「野菜クズを使って自然調味料をつくりましょう」「冷え症のあなたに食べて頂きたいもの」「中国に習おう！　食医同源」などの記事が並ぶ。大学医学部の薬理学博士による寄稿「公害時代……今こそ見直す時　天然食物の摂取を」も掲載されている。

誌面からは、ミキグループの健康運動の勢いが伝わってくる。しかも、どの記事も出典やエビデンスがあり、栄養学や健康についての豊富な知識がうかがえる。企業の会報誌というよりは、ＮＰＯや消費者団体などの冊子のようだ。硬派でけっして簡単に読める内容ではない。三基商事とメンバーの交流というよりは、啓蒙のためのツールという印象が強い。タブロイド判の4ページとはいえ、かなりの密度。誌面全体の熱量は驚くばかりだ。

敏《とし》量《かず》は「年頭所感」として「私の愛する人びと　自然と人類を理解し得る素顔のホモ・サピエンスたち」という文章を寄稿している。

「地球、それは私たち人類共通の国土でありふるさとなのです。そのふるさとが今や人心共に壊滅の憂き目に遭おうとしております。それはふるさとを愛する人びとにとっては到底耐えられぬことではないでしょうか。

わが国土、わがふるさとを美しく住みよくするために今こそ私たちは自然を愛し、いつくしみ、守り抜いてゆく心がまえを持たなければなりません。（中略）

幸せとは、まさに自然が与えてくれるもの。しかし、その自然は人間の手で育まなければならないのです。それも健全な精神と健康な肉体を有するホモ・サピエンスの手で。その時はじめて自然のたくまざる叡智が、人類に幸せをプレゼントしてくれるのです」

この文章を読むだけでも、敏《とし》量《かず》が掲げていたミキグループの世界観が垣間見られる。健康運動を通じて、自然を大切にして、人間本来の姿を取り戻す。それこそが人類の幸福につながるのだと説いている。

翌年の１９７５（昭和50）年といえば、その直近まで第二次ベビーブームで毎年２００万人を超える出生数を記録し、山陽新幹線が博多まで開通した年。まだまだ日本は、高度経済成長の真っ只中だ。ヒット商品は軒並みインスタント食品やスナック菓子ばかり。その一方で、有吉佐和子の『複合汚染』がベストセラーになった年でもあった。

『複合汚染』は、１９７４（昭和49）年10月から１９７５（昭和50）年6月まで朝日新聞に連載された長編小説。合成洗剤や化学肥料、合成保存料など、身近にある食品や洗剤などに含まれる汚染物質が、人体に与える影響、危険性について考察し、また、複数の汚染物質が混合することで相乗的な汚染リスクにつながることなど、社会に警鐘を鳴らした作品。ドキュメンタリータッチの社会派文学として大きな話題になった。

物質的な豊かさを追求する価値観が主流の中で、それによって生じた社会の歪みに目を向ける人が増え始めた頃。会報誌にも「複合汚染を辿って」という連載記事で、同書の内容をさらに深掘りしている。

自然環境への意識が高まっている現代ならともかく、この時代に民間企業の経営者が書いた年頭のあいさつが、自然へのオマージュと人類の幸福についてとは。敏量《としかず》の桁外れに大きいスケールと先見性を物語っている。

三基商事が、研修会や会議などで販売店教育を徹底したことは、先にも書いた。この会報誌も、教育ツールの一つであったようだ。「訪問販売等の規制」や「取締りの強化される健康自然食品」など、薬機法や特商法についての最新情報を掲載している。

1983（昭和58）年には、会員向け小冊子『リプル』を創刊。

巻頭特集「わが家の一家団らん」には、藤本義一や萩本欽一、音無美紀子など、当時おなじみの芸能人や文化人が登場。夫婦や家族のあり方について語っている。

連載記事は、栗島行春博士のヘルスインタビュー「生命力を100％生かす医学の出現」、世界と日本の健康情報「ヘルス　ワールドナウ！」など、最新の健康情報が満載だ。

それ以外にも「やさしい経済学①　確定申告の季節がきました」や「いざという時困らない表書きの書き方」など、ミキグループのメンバーの販売活動に役立つ、実用的な記事も多

女性が輝くための社会を謳った会員向け小冊子『リプル』。門田敏量《かどたとしかず》からのメッセージはミキグループの女性たちを鼓舞した。

い。

中でも「世界のスーパーレディ」という連載では、銀行を立て直した36歳の女性や政治やビジネスの分野で活躍するハリウッド女優などを紹介。社会で活躍し、成功した女性たちのエピソードの数々には、「これからは、女性も仕事を持って社会で輝く時代！」という強いメッセージが込められている。日本で男女雇用機会均等法が制定（1985年）される10年以上前に、すでに世界的な視野で女性の力を認め、大きな夢を描くように鼓舞しているのだ。

敏量《としかず》からのメッセージは、自社メディアによって確実にミキグループの女性たちに届けられていた。それによって、彼女たちはいきいきと充実した仕事を成し遂げることができたのである。

第6章
輝き続ける女性たち

女性が活躍できる時代に

「私が門田《かどた》社長にお会いしたのは、1982（昭和57）年7月1日のこと。三菱銀行大阪支店の支店長としてごあいさつに伺ったのが最初でした」

現在、三基商事の顧問を務める市川伊三夫《いさお》は、1951（昭和26）年に三菱銀行（現・三菱東京UFJ銀行）に入行後、1960（昭和35）年から4年間ロンドン支店勤務、1974（昭和49）年から4年間ニューヨーク支店長、最終的には1986（昭和61）年から専務取締役を務めた。ニューヨークから帰国後しばらくしての赴任地が大阪支店。初日の仕事が、約20社にのぼる得意先へのあいさつ回りだった。

「当時、すでに三基商事は企業としての基盤がしっかりしていて、三菱銀行としてはトップクラスのお客様でした。門田《かどた》社長に初めてお会いした時の印象は、おとなしい人だと思いました。こちらから踏み込まないと胸襟を開かないように見えましたね」

しかし、どこか波長が合って、2人はすぐに親しくなり、約34年ものつきあいとなった。市川は同行を退職後も、株式会社ニコン（代表取締役副社長）や学校法人慶應義塾大学（財務顧問）、久光製薬株式会社（取締役）などの要職に就き、清華大学や中国人民大学の顧問教授にもなっている。経済学の深い知識と金融マン、経営者としての実務経験を持つ市川を、敏量《としかず》は財務のプロフェッショナルとして高く評価し、事あるごとにアドバイスを仰いでいる。

「門田《かどた》社長は、自分からアピールするタイプではないから、あまり多くを語りません。だから、三基商事がなぜこんなにも成功することができたのかは、一般の方にはよく分からないと思います。私はお会いする前にニューヨーク支店長として、アメリカの企業をたくさん見てきたので、門田《かどた》さんの事業の意味にすぐピンときました。それは、当時の日本ではだれも考えていなかったことだと思います」

市川がニューヨークに赴任していたのは1970年代後半。アメリカはウーマン・リブ運動の渦中にあった。ウーマン・リブとは、1960年代後半にアメリカで発生し、その後世界的に広がっていった女性解放運動のことである。

ベトナム反戦運動などに連動し、多くの高学歴の主婦や女子大生たちが社会的な男女平等を訴え、デモや大会などに参加していた。

「アメリカは自由の国という印象があるかもしれませんが、当時は甚だしい人種差別や男女差別が現存していました。特に女性差別は社会問題にまで発展し、男女同権、女性の社会進出が、徐々に社会通念になり始めていたのです。経済が成長すると共に、労働力が不足することも予測されていた。だから、女性という優秀な労働力は、絶対に必要になる。国の労働政策としても、女性の社会進出は大きな課題でした。私はそれを肌で感じていて、（同じことが日本でも起こるだろうけれど、多分50年後ぐらいではないか）と思っていました。それぐらい、アメリカと日本の社会には女性の社会進出について温度差がありました」

日本の戦後改革によって、旧民法の家父長的家族制度は廃止された。女性は家長である夫に仕え、子どもを育て、家を守る——そんな古き時代の良妻賢母的な生き方ではない、新しい女性の生き方が模索されるようになった。１９５０年代には、働く女性が増え始めたが、結婚したら辞める結婚退職制、25歳または30歳には辞める若年定年制は、民間企業だけでなく、一部の公務員にも適用されていた。つまり、結婚までの腰掛け仕事の域を出なかったのである。

家族構成は、かつてのような大家族から核家族へ。子どもの数も平均２人と減少。三種の神器をはじめとする家事の機械化や既製服の廉価販売、インスタント食品の普及などによって、主婦の家事労働の負担は格段に軽くなった。

女性たちは、家という呪縛から解き放たれ、自由な時間を持ちたいと考え始める。自らの能力とエネルギーを、仕事や社会のために使いたいと思う女性も増えていった。しかし、

1970年代当時の社会や企業には、まだその環境が整っていなかった。主婦ができるのは、雇用の調整弁としてのパートタイマーの仕事がほとんど。景気や会社の状況に合わせて、簡単に切り捨てられる弱い立場でしかなかったのだ。

女性が活躍を求められている現在の日本でも、女性の社会進出にはいまだに高いハードルがある。高学歴でバリバリと仕事をしキャリアを積んだ女性であっても、出産や子育てのためには一度仕事を辞めなくてはならないし、その後社会復帰をすることもかなり難しい。また、子育てをしながら仕事をしようと思っても、保育園が少なくパート代も安い。

ようやく子育てが終わったかと思うと、しばらくして介護が始まる。ライフステージに合わせて、キャリアをあきらめ、仕事を変えなくてはいけない女性は少なくない。一日のうちの数時間だけ働きたいという女性のニーズを満たすタイムシフトなど、まだまだ先の話だ。

「しかし、門田《かどた》社長の考えた販売システム・ミキグループなら、それが可能なんです。自分の生活に合わせて、仕事の時間を調整できる。自宅にいながら仕事もできます。40年以上前にこのビジネスモデルを考えたのは、本当にすごいと思う。慧眼という他ありません」

と市川は語る。

ミキグループは、宝塚の主役以上の活躍をしてほしい――。

敏量《としかず》はよくそう言っていたという。

宝塚とは、言うまでもなく宝塚歌劇団のこと。大地真央や黒木瞳など、多数のスターを輩出している宝塚歌劇団は、兵庫県宝塚市が本拠地。阪急電鉄株式会社の一部門である。その前身は、1913(大正2)年に結成された宝塚唱歌隊。阪急電鉄の創立者である小林一三《いちぞう》によって生み出された歌劇団だ。稀代の実業家である小林一三は、電車事業と沿線の住宅開発を共に行うという私鉄のビジネスモデルを創った人物として知られている。阪急百貨店、阪急ブレーブス、そして宝塚歌劇団と、人々が喜び、生活を豊かにする事業を次々と興したアイデアマンであった。

敏量《としかず》は、ミキグループのメンバーに対して、大舞台で輝く、多くの女性があこがれるような人を目指してほしいという思いがあったのだ。

現在、ミキグループの販売代理店の9割以上は女性によって運営されている。以下に、宝塚ことミキグループ販売代理店のメンバーの声をお届けしたいと思う。

取材した7人は、いずれもミキグループ代理店で長年のキャリアを持つ人ばかり。7人にはそれ以外にも共通点がある。どの女性も、パッと目をひく華やかさがある。常に人に見られる立場にあるせいか、ファッションやヘアメイクなど、自分自身をよく知り、それぞれに個性を生かしている。

何よりも、目の前にいる人の気持ちを逸らさない。信頼性を感じさせる人間味、コミュニケーション能力のすばらしさ……。ことごとく、彼女たちのキャリアに裏付けされたものだと感じた。

教育産業としての誇りを持って

「ミキグループは、宝塚のようであってほしい——と、ある時、門田《かどた》社長がおっしゃいました。その時は、そうなればうれしいし、すてきだけれど、とても難しいことだわ。でも皆さんがお仲間になりたいと思ってくださるような、そんなグループ作りを目指していきたい！　と思いました」

と、語るのは三浜商事株式会社の代表取締役・浜田香園子《はまだかえこ》だ。ミキグループ創立当時からの代理店メンバー。37歳でミキの商品と出会い、今年で44年目になる。現在もトップ集団を走り続ける最優良代理店であり、その系列には、多くの代理店・営業所・ミキ会員が連なっている。

大学教授など、教育者の多い家系に生まれた浜田は、独身時代、金融公庫の管理部に勤務をしていた。仕事は補助的な役割で、楽ではあったがやりがいは感じられなかった。

結婚・出産後は、主婦業に専念。特に食にはこだわり、50年前としては珍しかった無農薬野菜などを購入し、添加物にも気を使い、栄養バランスを考えた食事づくりを心がけてきた。そのおかげで自分も家族も健康そのものであった。

浜田がミキプルーンに開眼したきっかけは、粟島行春博士の講演会だった。陰陽五行説をはじめとする、東洋医学の叡智——特に「木を見て森を見ずの考え方では何も分かりませんよ」という粟島の言葉にハッとした。

当時、粟島の講演会は少なかったので、浜田は「追っかけ」を始めた。多少遠くても日本各地の講演会に参加して、その膨大な知の引き出しから多くのものを吸収した。

実際にミキプルーンを食べ始めてみると、自分や家族にも変化があった。病気になったことがない自分や家族を健康そのものと思っていたが、それは本当の意味での健康ではなかったのだ、健康にはレベルがあるということを実感するようになった。

「あんなに食材にもこだわって、栄養バランスの取れた食事を作ってきたのに……。それでも足りないものがあったんだ、と身をもって知ったのです」

浜田は代理店の面接に合格すると、人々にミキプルーンを伝えることに夢中になった。

そんな変化に気づいた母親から「あなたは一体、何を始めたの⁉」とそしりを受けた。

「当時はお店以外で商品を買うことに、違和感を覚えていました。父方も母方も教育者や首長など堅い職業の親戚ばかりだったので、迷惑をかけるようなことがあってはいけないと母は心配したのです。でも私は『あら、教育産業を始めたのよ』と答えました。粟島先生がおっしゃる通り、日々変わっている体内の細胞を、少しでもいい状態にする条件をそろえることが大事なのです。そのためには、毎日の食事から変える必要がある。ほとんどの人が私と同じく『自分は健康だ』と思い込んでいます。でもそれは、体の中は見ることができないので、病気が発症するまで気づけないだけなのです。私は、それをきちんと理論的に説明したかった。これこそ、教育産業じゃありませんか」

ミキプルーンに出会った当初、浜田は敏量《としかず》の考えと三基商事の理念に感銘を受けた。そして、年月を経るごとに、そのすごさを何度も思い知ることになった。

「門田《かどた》社長は、ミキプルーンだけでなく、ミキエコー37、ミキプロティーン95、ミキバイオーC……と、次々とすばらしい商品を開発されて、それには毎回驚かされました。現状に甘んじることなく、よりよい商品を求め続ける。『幸せな社会を築きたい』という門田《かどた》社長の思いが、一貫していることをその都度実感しました」

ミキ商品は、単なる商品ではない。敏量《としかず》の理念が形になったものだ。それをミキグループのメンバーが、たくさんの人に伝え、届けていく。それが広がっていけば、やがて健康な人が増え、社会全体が変わっていくだろう。敏量《としかず》が商品に込めたメッセージは、ミキグループのメンバーを力づけていった。

ミキグループに縁をいただいてからの年月を思うと、今は感謝しかないと浜田は言う。

「おこがましいことですが、ミキの中で自分も成長させていただきながら、商品知識だけではなく、人としての生き方や人生のあり方なども伝えてきたように思います。結果的には、それを受け止めてくださった方々がやはり成長しながらより幸せな人生を歩むことができているように思います。その上に、医療費や介護費用を使う人を少なくすることにも役割を果たせていると思います。そんなふうに一介の主婦が人のお役に立てるなんて、〝おかげ様〟としか言いようがありません」

人間として成長したかった

ミキグループのメンバーには、専業主婦だった女性が比較的多い。だが、Ｈｉｒｏコーポレーション株式会社を経営する加藤弘美《かとうひろみ》は、元証券会社勤務というキャリアを持つ。

出産を機に退職後も、子育てをしながら塾講師などの仕事をしてきた。ミキプルーンを公園で出会った方から薦められ、子どものアトピーを改善させたくてミキ会員になった。加藤の妹は当時、流産を繰り返す不育症で悩んでいた。主治医の了承のもと、鉄分を補う栄養補助食品を取らせることにした。妹がまとめてミキ商品を購入したこともあり、加藤自身は営業所に昇格することになった。

立場は人を作る。営業所になった以上は、営業所会議に出て、多くの人に広める活動もしなくてはならない。加藤は、販売活動をスタートした。

当初はなかなか思う通りに、自分の言いたいことを相手に伝えることができなかった。感銘を受けた三基の理念を相手に理解してもらいたいと思えば思うほど、情熱が空回りしてしまう。

「相手のためと思いながら、今にして思うと相手のことがよく見えていなかった。それまでの自分のコミュニケーション力では及ばないと思いました。言葉が足りなかったり、誤解を受けたり。

今まで自分が重ねてきたキャリアはなんだったのかとがく然とする日々が続きました」

39歳で代理店試験を受けた時、「なぜ、代理店になろうと思いましたか?」と問われて、「人として成長したいからです」と答えた。ミキの理念を伝え、広める活動をすることで、人間というものをもっと知りたい。また、自分自身の人間力を磨いて、高めていきたいと思った。加藤にとって、ミキグループとは〝人間道場〟のような場なのである。

それから加藤の仕事はガラリと変わった。目の前の人や物事に、とにかく一生懸命向き合う。その姿勢を徹底した。加藤の口癖は「私と出会ってよかったと思ってほしい」。

そう思いながら接していると、相手との関係も変わってくる。徐々に自分の伝えたいことと、自分自身を理解してもらえるようになったという。

「私は、門田《かどた》社長は松下幸之助氏に匹敵する〝発明家〟だと思っているんです。世界に誇れる商品を作っただけでなく、女性の雇用を作って、能力を引き出し、モチベーションを上げる待遇をして……そういった形で社会に貢献した会社を創ったわけですから。しかも、50年前にです。私のような普通の主婦に、販売権を与えてくださるのもすごいことだと思っています。人間というもの……人の情や人間形成というものを、よくご存じだからこそ、構築できた事業なのだと思いますね。私は一人でも多くの人に、ミキの世界を覗いてみてほしいと思っています。それによって得たもの、感じたことは、その後どんな仕事をするにせよ必ず生かせると思うのです」

ミキグループの絆に支えられて

有限会社ドリームポットを経営する齊藤淑江《さいとうとしえ》。彼女の人生は、2011(平成23)年3月11日、東日本大震災によって一変した。

25年間、ミキグループの活動を続けている齊藤は、福島県いわき市が本拠地。

ミキの健康運動に熱心になったのは、17年前、セミナーで耳にした医療費高騰の話がきっかけだった。2016(平成28)年、ついに42兆円を突破した日本の医療費。当時も、すでに30兆円を超えており、大きな社会問題になっていた。

「それを聞いて、私にできることならなんとかしたいと思ったの。人々の食に対する考え方を変え、食育を通して健康に対する意識を高めることで、生活習慣病をはじめとする、予防できる病気を減らすことができるかもしれない……と」

その日から、齊藤はすべての時間をミキの活動に費やすようになった。

福島県の東側を縦に走る浜通りを、水戸からいわき、南相馬まで移動しながら、1日に平均3回は料理会「トーク＆クッキング」(ミキプルーンなどミキ商品を使った独自の料理レシピを軽妙な語りで披露）を開催していた。ピンマイクをつけて、ジョークも交えながら楽しくレシピを紹介する齊藤は、まるでタレントのようだ。20日で約30カ所の料理会をこなしてきた。

3月11日の午前中も、齊藤は浪江町（福島県双葉郡）で料理会を開催した。午後は知人宅でお茶を飲んでいた。14時46分、東日本大震災が発生。命からがら逃げ出した。

自宅は海から約1キロ。夫が運転する車で急遽郡山市（福島県）に移動した。車内で齊藤はスマホを放さず、ミキグループのメンバーに連絡を取り続けた。その後、齊藤夫婦は、娘夫婦が住む埼玉県の和光市に身を寄せることになった。

齊藤の系列のメンバーたちは、さまざまな公共施設やホテルなどで避難所生活を余儀なくされた。三基商事からは、ミキの栄養補助食品や、ポーチに入ったスキンケアセットなどが届いた。ミキのメンバーたちは、自分たちに届いた物資を、惜しげもなく隣人たちに配った。津波によってすべて流され、着の身着のままでたどり着いたメンバーであっても、周囲の人を気遣っていた。

娘夫婦の家で落ち着いてから、齊藤はどんどん痩せていった。食欲はないが無理に食べているのに、ストレスのせいか痩せてしまう。

そんな妻の様子を心配した夫は、妻と一緒に、日本各地に散らばったメンバーのもとに慰問に行くことを提案する。

「知らない土地で暮らすメンバーに会いに行きたかった。全国のミキのお仲間から送っていただいた支援物資は本当にありがたかった。近所の八百屋さんで買った野菜なども入れて、毎日宅配便で何十箱もメンバーたちに送りました。でも、やっぱり顔を見たい、声が聞きたいという気持ちが抑えられず、みんなに会いに行ったんです」

突然訪ねていった齊藤の顔を見るなり、泣き出したメンバーもいた。先行きに不安を感じ、慣れない土地で緊張しながら暮らしていた気持ちが一気にゆるんだのだろう。固く抱き合い、再会の喜びをかみしめた。

「しばらくすると、お世話になった近所の人を招待して『トーク＆クッキング』をやってほしいという声が多くなって、それからいろいろな場所に呼ばれてお料理会をするようになりました」

それがきっかけで、齊藤の活動は和光市を中心に、日本全国に広がった。脳裏には「大変だろうがミキがあったからこそよかったと言えるように頑張ってくれ」と言った敏《とし》量《かず》の言葉が常にあった。避難先では、コミュニティに入ることが難しい。でも、ご近所を招いてお料理会をすれば、それがきっかけになっておつきあいができるようになる。そうすれば、彼女たちも慣れない土地でもっと快適に暮らせるようになるはずだ。

齊藤は今まで以上に使命感に燃えて、日本各地を訪れた。自分の振る舞いに失礼があったら、彼女たちに申し訳が立たない。町の人々とメンバーとの絆を結ぶために、齊藤は今日も心を込めてレシピを考え、ユーモアたっぷりのトークを繰り広げている。

「よう頑張ったな」と言われたい

ミキグループの健康運動とは、自分の周囲にいる大切な人に、日々の食生活の重要性を伝え、ともに実践していくことだ。

有限会社竹田商事の代表を務める竹田冨美子《たけだふみこ》は、健康運動によって40年にわたり多くの縁を育ててきた一人である。

竹田は、34歳から7年間、子育てをしながら実母の介護をしていた。6人兄妹の唯一の女性ということもあり、夫の理解を得て、神戸から横浜の自宅に母を呼び寄せた。

乳がんを経て、脳溢血を患った母は寝たきりとなり、自宅で24時間介護をすることになった。

竹田自身ももともと丈夫な体質ではない。竹田の実家は、戦後すぐに満州から引き揚げて広島市内に約7年間暮らし、兄妹皆虚弱体質であった。竹田は20歳の頃、医師にスポーツと音楽を禁止されている。

腺病質な体で、家事と介護を続けていた竹田は、やがて自身も腎臓病になる。入退院を繰り返しながら、母の介護を続けていた。

42歳の冬に、母を看取り、神戸での葬儀を執り行った。7年に及ぶ介護をようやく終え、弱り切った竹田の体は、膀胱炎と口内炎の痛みに悲鳴を上げていた。

帰りは、生まれて初めて新幹線のグリーン車に乗った。何度となく手洗いに立つ竹田に「具合が悪そうですね、どうなさったんですか?」と、隣の席の女性が声をかけてくれた。年の頃は、見送ったばかりの母と同じ。それもあって、その後はずっとその女性の話に耳を傾けた。ミキプルーンという食べ物について、懇々と話し続けたこの伊澤ユワエとの出会いが、竹田とミキグループとの縁の始まりだった。

この出会いが、竹田の人生を大きく変えることになった。毎日口に運ぶものが自分の血肉となる。病のもとは日頃の自分の食習慣が作っている——料理好きな竹田は、栄養について学ぶ大切さ、実践することの重要性、そしてミキグループの奥深さに惹かれていった。

大切なことだからこそ、大切な人たちに伝えたい。その思いで親戚や兄弟、近所の友人、娘のＰＴＡの友だちに迷いなく声をかけたのは、何よりもミキ商品を食べることで自分や家族が健康になったことを実感できたからだ。竹田がミキを一生の仕事にしたいと考えるまでに、長い時間はかからなかった。

「代理店面接では、門田《かどた》社長から『どうして代理店になろうと思ったのですか？』と聞かれました。『私にミキを伝えてくれた伊澤さんと久永さんというお二人に、生涯関わらせていただきたい。ミキ商品をいろいろな人にお伝えしたいんです』と答えました。当時私は、薬の副作用で顔がしみだらけ。門田《かどた》社長はそんな私の言葉を聞いて『体に気をつけて、無理をしないでやってみてください』と言葉をくださいました。そして合格することができたのです」

30代半ばから介護に没頭していた竹田は、ほとんど家族以外に人との交流がなかった。それがミキの代理店になり、生活は一変した。学ぶほどに友人や知人の健康が気になって、知ってほしい、気づいてほしいという思いから、多くの人と深く関わるようになった。

「子どもの頃から体が弱かったから……健康に対しては、いろいろな思いがあります。でも、病気知らずだったら、もっと傲慢な人間だったかもしれませんね。病気だからって、安静に、お大事にって言われるのが一番嫌い。ちょっと体調が悪い時でも、ミキの仲間と話して、仕事をしていると元気が出てくるのです」

竹田の自宅には、ひっきりなしにさまざまな仲間が出入りをする。全国のミキグループのメンバーから伝わったレシピでお料理会をしたり、一緒におやつづくりを楽しんだり。心を通わせた関係だけに、話題が尽きることはない。皆泣いたり笑ったり、それぞれの人生の悲喜こもごもを打ち明ける。そんな彼女たちに対して、竹田は時に笑って励まし、時に肩をさすって思いに寄り添う。

「私たちの心のよりどころ」と、彼女を取り巻く仲間たちは言う。不調や病気も笑い飛ばす、明るく元気な竹田に多くの人が惹きつけられる。

2016(平成28)年の12月20日、竹田は40周年の永年表彰を受けた。壇上で代理店面接試験の思い出と共に、三基商事とミキグループへの思いを語った。

「若い世代にこの健康運動のたすきをつないでいきたい。仲間と共に多くを学び、日々の食への思いを深めてほしい。何よりも健康で豊かな、楽しい人生を送ってほしい」とメッセージを送った。

表彰状を授与した際、門田《かどた》社長は竹田の耳元でささやいた。

「竹田、頑張るな。体、気をつけろよ」

竹田はその瞬間を思い出し、笑みをこぼした。

「今までも何度か表彰していただいて……いつも門田《かどた》社長がおっしゃることは一緒。『頑張るな』と。50周年表彰の時には、ぜひ『竹田、よう頑張ったな!』って言ってほしい。それがこれからの目標です」

人生を変えたメンバーとの出会い

有限会社三鈴の田島星慧《たじまほしえ》が、ミキ商品と出会ったのは33歳の時。

27歳、28歳と、続けて出産を経験。そこからくるストレスと疲労のせいか、ずっと体調が悪かった。低血圧で、朝も起きられず、買い物や家事をするにも一苦労。夫をはじめ、彼女を知る人は、いつもつらそうな彼女の身を案じていた。

病院通いの帰りに必ず立ち寄る公園で出会ったお友だちからもらったミキプルーン。それによって、田島の体調は一変した。朝も早く起きて、はつらつと出歩くようになった彼女に驚いたのは周囲の人々だ。

官舎に住むご近所の奥様たちには「どうしたの?」「何があったの?」と聞かれ、夫も「最近疲れたって言わないね」と感心している。「そのプルーンがいいんじゃないの？　続けてみたら？」と言ってくれた。

そこで出会ったのが、前述の浜田香園子だった。浜田は「健康と豊かな生活は、正しい食生活から」という三基の健康運動の理念に基づき、栄養についての知識を分かりやすく伝えた。田島は大きな衝撃を受けたという。

「私なりに、家族の健康を考え食事づくりにはこだわっているつもりでした。できるだけ無農薬野菜など自然のものを中心に、当時流行していたインスタント食品は一切使いませんでした。質にはこだわっていましたが、でも量とバランスが足りなかった。これはショックでしたね」

「1年続けてみたら？」と夫に言われ、しっかりと食べ始めることに。きちんと自分で食べてその効果を納得したかった。そのうちに、近所の人や親しい人たちが、田島の変貌ぶりに興味を持って食べたいと言いだした。田島は、一人でも多くの人に元気になってもらおうと、快くミキプルーンを薦めた。それは、売るというよりは、分かち合う感じだった。

3年間、友人知人にミキ商品を伝えていくうちに、いつの間にか継続が途絶えてしまい暇になった。

「本来継続しなくては、ミキ商品の良さは実感できないし、健康でい続けられないのに。けれど、そのフォローについて、当時の私はあまり熱心ではありませんでした。よさを実感した人は、自分から継続したいと言い出すだろうと思っていたのです。でもリピーターが少なくなって、健康運動を続ける力がなくなってしまいました」

そんな頃、あるセミナーの講演者が語った「1円でもお金を受け取ったら、それは仕事ということなんです」という言葉が胸にささった。

「ショックでしたね。私は善意の行為として皆さんにお伝えしていましたが、商品と交換にお金をいただいたら仕事なんです。当たり前のことですが、当時の私にはその意識は薄かった。それから仕事としての自覚が芽生えました」

その瞬間から、今までの景色がまったくちがうものに見えた。特に、自分に栄養や健康運動についてていねいに教えてくれた浜田に対する見方が変わった。

「私は結婚前もアルバイトのような仕事しかしたことがなかったので、いわゆる『働く女性』というものを知りませんでした。でも、こんなに身近に働く女性がいた！　浜田さんのように、仕事に対する情熱、責任感を持って社会で活躍すること。それがミキの仕事ならできるんだ！　とスイッチが入りました」

田島の父は、芸術家として芸術界にも多くの人脈を持っていた。田島は、芸術に生涯を捧げた父へのあこがれもあり、自分を表現し、その足跡を残したい……と、若い頃は華道や彫塑《ちょうそ》を研鑽したこともあった。

「でも、それはミキでできる！　と思いました。自分の思いを表現して、それを受け取った人がまただれかに伝える……。私の考えや生き方はだれかの中に残っていく。しかもミキの仕事は、人を健康にし、幸せを波及し、社会に貢献できる。そんな生き方をこの仕事でしたい、できると思ったのです」

仕事に対する意識が変化してから、田島の活動は一変した。ミキの活動の意義と目的を理念のもと責任感を持って一人でも多くの人に伝えるように誠心誠意、仕事をする人間になったのだ。

「ミキ、そして浜田さんとの出会いによって、私の人生は変わりました。健康や栄養、そして自分自身について、〝何も分かっていなかったのが私だ〟と気づかされたのです。自分の知識だけでなく、より広い視野で物事を捉えることができた。自分の人生を、生き方を変える仕事に出会えたことに心から感謝しています」

自立した女性として輝きたい

農家は家業。農家に嫁いだら、毎日農作業をしながら、後継ぎを生み育て、舅姑の面倒を見ながら、夫に尽くす。かつて日本の農村部では、そんな女性の生き方が一般的だった。北陸の富山県もそんな地方の一つ。それだけでなく、「日本一働き者が多い」県でもある。農作業をしながら会社に勤め、得た収入のほとんどを貯蓄に回す堅実な県民性といわれている。

富山県で生まれ育った田内《たうち》智子《ともこ》は、そんな風土に違和感を覚えていた。

農業を営んでいた彼女の両親は、過労による持病に悩まされていた。病が悪化した時に出会ったのがミキプルーンだった。健康になり、生き方も大きく変わった両親を見て、田内は娘の生まれつきの腸の病をなんとかしたいという気持ちから、姫路で開催されたミキグループのセミナーに参加した。そこで田内の人生は大きく変わることになる。

セミナーでは、粟島行春氏の講演やさまざまな有識者の生の声に触れた。

「私がそれまで考えていた健康づくりは、火事に対する消火活動のようなものだと気づきました。火を消すことはできても、その後の体の修復や再生は栄養がなければできません。

栄養を摂取することこそが、修復活動——つまり、健康づくりであると知ったのです」

当時、23歳だった彼女は子どもの病、それによる家庭内の不和、そして経済的な悩みを抱えていた。毎日が、永遠に続くトンネルの闇の中にいるようだったという。

そのセミナーでは、大ぞの千恵子代理店との出会いも衝撃的だった。大ぞの代理店は暗闇の中にいる田内にとって、一筋の光を放つように輝いて見えた。そのオーラは、自立した強さ、そして幾多の経験と感動の積み重ねから生まれる輝きのように思われた。健康、人間関係、経済などの悩みの渦中にある人々と向き合い、寄り添い、相手に笑顔を届けることができるミキの仕事。田内はそれに魅了され、自分も大ぞの代理店のような生き方をしようと決心した。

30年前、富山にはミキの代理店はおろか、会員すらいなかった。元気になって着物の販売を生業としていた田内の父と支えていた母は、将来を考えてミキの代理店を目指すことになった。

田内は、毎月お財布に残るお金は2000円。そこからのスタートだった。しかし彼女は、お金がなく、若くて信用もないところからの活動は、あらゆることを学べるチャンスであると知った。

「健康運動を続けているうちに、ミキの商品は、人の信用を乗せて伝えるものだと分かりました。『一生懸命』という武器は、必ず人の心の扉を開けることができます。時には厳しい言葉をぶつけられることもありましたが、そういう人ほど、さびしがり屋で私が訪問することを待ち望んでいることにも気づきました」

当時の「ホームパーティー」や「集い」は、ほとんどが夜。昼は会社で仕事をして、夜はホームパーティーを開いた。休日も休むことなく働き、26歳で田内は父に次いで代理店となった。ついに夢の階段を一段上ることができたのだ。

「異例の若さで代理店になることができたのは、愛用者の数が明確であったこと、販売店の数や売り上げを予測することができたので、それに基づいた事業計画を銀行の担当者に説明できたからだと思います」

田内は銀行からの融資をもとに、有限会社智恵を設立した。26歳の女性が起業するなど、当時の富山では考えられないことだった。

若い田内は、さまざまな壁にぶつかるたびに、その解決策を必死で模索した。

「問題を解決する努力が、仕事を次のステージに高めてくれるのだと思います。だれかのために悩むこと、解決することは、自分にとって未来の人生の百科事典を作るようなもの。

たくさんの人の悩みをうかがい、共に考えることは私の経験と知恵を豊かにしてくれました。その後に出会う多くの方々に、その経験と知恵を生かした言葉を伝えることができたのです」

その力を毎年強くしてくれたのが、ミキの1泊セミナーだった。

多くの人たちをセミナーに連れていって、田内があこがれた大ぞの代理店や一流の講師陣との出会いの機会を作った。自分自身が変わったように、悩みを抱えて下を向いて生きていた人たちが、将来にビジョンを描き夢を見ることを知った。夢は見るものではなく、かなえるものだと気づいたのだ。

「何も持っていない23歳の女性が、30年以上も仕事を続け、会社を成長させることができた。それはミキ商品、そしてミキグループが、世界に二つとないブランドであること、安定感と安心感があり、ブレない軸を持っているからだと思います。しっかりとした企業理念とそれを支えるシステム、しくみが明確だったことから、ミキの商品なら間違いないと信じてくださるお客様が、今日のミキグループを支え、私を支えてくださっているのだと思います」

現在は、若い世代への取り組みや、長く食べ続けてくれている方々の声を生かし、食育をテーマとした活動を積極的に行っている。地域や世代、そしてグループの垣根を越えて、栄養や料理について学んでいる。たとえば、健康を伝えられる人を育てるために、栄養や料理について、あるいはミキのシステムについて学ぶことができる「健康トークの会」を実施している。中でもミキ商品をさまざまに組み合わせて作るドリンク「シェーク」のコーナーが参加者には好評だ。

また、来年度からはキッチンやキッズコーナーを備えたレンタルスペースもオープンする。動画や映画などを楽しみながらリラックスができる、子連れママや家族全員の癒やしを提供する空間になるという。

「ミキと出会った方々や、まだ知らない方々、多くの人が自分の健康や美のあり方を見つめ直し、考えていただける場を目指して、『オアシス　トモエ』と名づけました。家族のために働き続ける女性たちに、少しでも自分の美と健康を気遣ってほしい。一人一人が持っている才能を豊かさに変えていけるミキの活動により、自分を輝かせて生きる女性を増やしていきたいと、さらなる夢にチャレンジしていきます」

健康な時に、健康を

1973(昭和48)年に開催された、関東での第1回三基商事販売会社説明会。これがきっかけとなり、神奈川県に強靭な販売ネットワークが構築されたことは第5章で紹介した。

上大岡で行われたその説明会をセッティングしたのが、有限会社マキコーポレーションの代表取締役・牧田守代《まきたもりよ》だ。ミキグループ黎明期からの代理店で、グループ繁栄の立役者の一人である。

「私は40歳で子宮がんになり、全摘出の手術の後、5分間のコバルト照射を30回も受けて、心身共にボロボロの状態でした。その時に出会ったのがミキプルーン。治療の副作用で重湯も喉を通らない状態だったのが、つまようじの先で掬って口に入れた瞬間、何かを感じたの」

人からミキプルーンについての情報を聞いていたわけではない。何も知らずに体内にミキプルーンが入った時、「これだ!」と感じたという。直感的に、これは自分を救ってくれると思った。

「なんか、いい！　と思ったのよ」

それがなんだか分からない。ただ体がミキプルーンを欲していることだけは分かった。病気のせいで、感覚が鋭敏になっていたのかもしれない。毎日少しずつ続けて、一瓶食べ切った。このまま食べ続けたいと思い、ミキプルーンを届けてくれた女性に電話をした。

「これは一体なんなのですか？　って尋ねても、相手もちゃんと説明できない。ミキプルーンが発売直後で、まだ十分な情報もなかったのね。ただ私は続けたいから営業所になった。なんとしても元通りの体にならなきゃいけなかったから」

続けるうちに、日増しに体の変化を感じ始めた。元気になって、生きる気力も湧いてきた。

「これは人に教えてあげたい！　心からそう思いました。だって、まともに歩くこともできなかったのですから。自分自身の体で、ミキプルーンのよさを実感したんです」

そこでミキプルーンを知ってほどなく、代理店面接を受けた。

「ミキプルーンを人に伝えたい！　と思って試験に行ってはみたものの、自分に何ができるかも分からなかった。もともと営業をしたことがないわけだから。でも、使命感にかられて会場に行ったの。門田《かどた》社長と初めてお会いした時も衝撃的だった。こんな社長さんいるのかしら、と思ったくらい」

当時の三基商事は、販売店システムをスタートしたばかり。関東圏を全国ネットワークの中心にしたいと門田敏量《かどたとしかず》は考えていた。

「社長は開口一番、『売らんといてほしいんや』っておっしゃった。正直、耳を疑いましたね。でも、冗談ではないらしい。本気で私たちにそう訴え続けたの」

「まずは自分で食べて、ほんとによかったと思ったら、人に伝えてほしい。歩みはのろいかもしらんけど、そうやってもらいたい。それを守ってほしいんや」

面接希望者は驚くばかり。すでにミキプルーンの噂を聞きつけて、儲かる商材だと見込んだ人たちは、肩透かしを食らわされた気分になり、次々と辞めていったという。

「私は逆に、これならできるかもしれないと思った。門田《かどた》社長の言葉と人となりにうそがないと感じたから。営業は素人の私でも一生懸命やれば、お役に立てるかもしれない……そう思ったの。

その頃から、これは健康運動だと思って取り組んでいました。今にいたるまでの44年間、私は一度も商品を売ったことはない。健康運動を商ってきたと誇りを持っているわ」

絶望的な大病の果てにミキプルーンと出会った自分だからこそ、それが本物であることが分かる。それを自負し、あくまでも健康運動としてミキプルーンを人々に伝える覚悟を決めた。それからはミキグループの精神的な支柱となり、健康運動に没頭していった。

「親戚も同級生も、知り合いの奥様たちも、だれもミキプルーンに興味を抱かなかった。だから、まったくの白紙状態から、私の健康運動は始まりました。話をしてほしいと呼ばれたら、どこへでも行って、一生懸命説明をする。もともと話すことは得意じゃないし、好きでもない。でも、ミキプルーンをきっかけに人が変わったようになって、たくさんの人々を前に自分の思いを伝えられるようになったのです」

当時は公共交通運賃も高額だったので、お金をためては、北海道、関西、北陸、九州……と、日本各地を飛び回った。

「体はまだ痩せていたけど、気力だったのでしょうかね。とにかく、人に頼まれて、私にできることがあればどこへでも行ってしまう。気がついたら病人じゃなくなってましたね」

当初は、自分の直感によって、ミキプルーンの健康に与える効果を予感した。実際に自分の体調はどんどん変化した。それだけでなく、多くの人に伝えているうちに、日本全国から、その結果報告や感謝の言葉が届くようになっていった。

「元気になった、調子がよくなったというお手紙をいただいたり、お会いした時に別人のように顔色がよくなっていたり……。やっぱり私だけじゃないんだって確信できた。そうなると、一人でも多くの人に届けたいという気持ちが強くなっていったのです。それまで仕事というものをあまり分かっていなかった私は、健康運動に夢中でした。これこそが、仕事なのだと開眼しました。それ以来ずっと、ミキは私にとって天職なのです」

そのポリシーは「健康な時に、健康を」。健康な人にこのメッセージを伝えたかった。健康運動を続けていくうちに、自分からは病気ではなく、健康な人にこのメッセージを伝えたかった。

キプルーンについてのさまざまな栄養のエビデンスが報告された。そうなると、さらに自信を持って健康運動を展開するようになった。

「あの時ミキプルーンと出会っていなかったら……全然ちがう人生だったでしょうね。でも、今にして思うと、私が経験した大病は試練だったようにも思える。人々に健康に対する考え方を広めるという使命感があったからこそ、私はあの試練を乗り越えられたのかもしれません」

84歳になる今も、昔と変わらずに、頼まれて予定さえ合えばどこへでも行く。また、自分のこだわりを尽くした事務所のサロンには、日本各地からミキグループの幹部が訪れ、彼女からさまざまなことを学んでいるという。

「ミキは世界に誇る、日本一の商品。それを断言できることは私の誇りです。私はミキグループが、これからの日本を作るのだと信じています。若い世代の人たちがミキ商品を食べることで、心身共に健康となり、元気で丈夫な赤ちゃんを産み育ててほしい。この四十数年間にも、ミキグループメンバーやユーザーから、たくさんのすばらしい子どもたちが誕生しました。運動神経がよくて頭脳明晰、愛情も豊かな子どもさん、お孫さんがたくさん生まれたことを、私は皆さんからのご報告でよく知っています。すばらしい子どもたちは、やがて日本の未来を担うことになるでしょう。

そして高齢社会にも私たちは貢献できると思っています。高齢者の願いは、人に迷惑をかけずに生きていくこと。介護をされずに、天寿を全うすることが幸せなのです。介護をしない・されない世の中。『介護をしない』と聞くと冷たいように思われるかもしれないけれど、健康運動が真に社会に浸透すれば健康な高齢者が増え、『介護をしない』世の中が実現できるはずです。生涯現役で、世の中のお役に立てる人を増やすことが大切です。

私はミキグループの仕事は、60歳からだと思っています。人生の中で信用を積んできた人だからこそできる仕事。高齢社会になり、60歳で定年してそれで終わりじゃない。そこから自分らしい仕事によって成功し、自分らしい人生を完成させてほしい。そうすれば社会全体がよい方向に変わるはず。それが切なる願いです」

お1人につき、2時間余りの取材から聞いた話の一部を、ここに紹介した。それぞれの女性の人生の一部をお伝えできたかと思う。

女性たちからは、外面だけでなく、内面的にも自分自身を見つめ、磨き続けてきた跡がうかがえた。彼女たちは、ミキグループの掲げる理念によって結ばれているが、すべての女性がそれを自分なりに咀嚼し、自分の言葉で語っていることが、私には非常に印象的に感じられた。

学校や会社など、組織の枠が強い集団であればあるほど、掲げる理念はお題目のように、言葉だけが独り歩きする傾向が強い。しかし、ミキグループの場合はそうではなく、何十年もの年月をかけて、その理念を土壌として、大樹のような思いや思想をそれぞれが育んできたのだ。

ある人はそこに運命を感じ、ある人は縁を感じる。彼女たちの、健康運動に対する思いや姿勢には、単に「仕事」と言い切れない、何かがある。情熱や使命感、自己実現……一つの言葉で言い表すことはとてもできない。しかしその「何か」が、ミキグループ、そして三基商事の50年の栄光を支えたことは間違いないといえるだろう。

第7章 すべてを自社の力で作りたい

自社一貫体制へのこだわり

本書を書くに当たって、三基商事に関わる多くの人々に取材を行った。

その中で、もっとも苦労したのが門田敏量《かどたとしかず》社長へのインタビューだった。

もともと多くを語らない人ということは人づてに聞いていた。特に、会社にとって重要なことについては、軽い気持ちでは語りたくないという思いがあるようだった。

「その時、なぜその商材を選んだのですか？」

「どうして、そのやり方を考えついたのですか？」

こうして文字にしてみると、まるで何かの取り調べのようだが、取材する側が物事を理解するためには、その背景やプロセスをしっかり把握することが大切なのだ。

ところが、

「う〜ん、なんでやったかなぁ」

「たまたま……そうなったんかなぁ」

と韜晦《とうかい》され、こちらはいつも腰砕けの状態になってしまう。

最初は、（過ぎたことには興味がないのでは？）と思いつつも、愚直に質問を続けていった。

しかし、途中からそうではないことが分かってきた。

かつて「ビジネスモデル」という言葉が流行った時期があった。成功した企業のビジネスモデルを研究する本がベストセラーになったり、起業する際には必ずビジネスモデルが問われたり。ビジネスモデルがすぐれていれば、その事業は成功するもの……と多くの人が信じていた時期があったのだ。

しかし、やがてその流行も沈静化していった。多分、あまり意味がないことが分かってきたからだろう。

ビジネスモデルを学ぶことと、実際にビジネスを行うことは、まったく次元がちがう。机上で戦略を学べば、情報量も増え選択肢も広げられる。しかし、会社の条件や景気や市場などがその時の状況と同じであることは、現実的にありえない。過去の事例を真似てみても、時代や地域が異なれば当然ちがう結果につながる。また、だれがやるのか、だれと組むのかなど、関わる人によっても全然異なる展開になる。

50年という年月、第一線でビジネスを行ってきた敏量《とし かず》は、それがよく分かっている。

起業したばかりの会社は、リソース（経営資源）も知名度もない。真っ白な紙の上に理想のビジネスモデルを描いたとしても、それだけではいつまでたっても事業は始まらないのだ。人との出会い、たまたま耳にした情報など、さまざまな偶然や縁がきっかけで、物事は動き出す。実際にそんな小さなきっかけをコツコツと育て続け、成長した企業は少なくない。

創業まもなくのソニー（旧・東京通信工業株式会社）のメンバーが事業資金を稼ぐために、和菓子やミニ・ゴルフ場を作ろうと言い出したり、サントリー（旧・寿屋）がウイスキーのモルトを寝かせている間に歯磨き粉を作っていたりというエピソードには、「商い」というものの現実（リアル）を感じさせる。創業前に描いた設計図通りに事業を展開し、成長できた企業の方がむしろ少ないのだろう。自らの理想や夢を実現するためには、起業家は命懸けでもがく。それを傍らで眺めて「ビジネスモデルに反している」と評論家のように異を唱えてみてもなんの意味もないのだ。

「今の人はみんな勉強が大好きで、勉強ばっかりして。でも現実の商いは、そこからは出てこない。勉強で蓄積した知識からだけでは、新しい商いを生み出すことはできません。目の前の現実の向こうに、パッと開いていくような、そんな発想がないと」と敏量《としかず》は言う。

同じアイデアであっても、ちょっと時代や地域がずれたら全然ちがう結果になる。数字や事業計画書からは分からないが、本当の商いとは、熱い血の通った、体温を感じさせるものなのだ。

「勉強ばっかりせんでもええけど、時を読む。これが大事。その時が来るまではじっと待つ。そして、今だっ！　と思った時に、一気呵成にやる。どんなすごいもんでも、それがちょっとでもずれたら、あかんのでしょうなぁ」

敏量《としかず》は、理論はあまり好きではないが、物事には理があるということを熟知していた。物事の理を分析したものが理論であって、理論が先にあるわけではない。その大きな理を見失わずに、時を読んで実践する——それが彼のやり方だった。

ミキプルーンをきっかけに、三基商事の事業は大きく成長していった。

50年という長い年月をかけてビジネスを展開してきたわりに、三基商事の商品は実際は四十数点と、きわめて少ない。

年を経ても敏量《としかず》のものづくりへのこだわりは変わらなかった。一つ一つの商品をじっくり練り上げて、納得がいくものだけを最適なタイミングで市場に投入する。その姿勢を貫いているからこその商品ラインナップなのだろう。

さらに敏量《としかず》には、ミキプルーンについて長い歳月をかけて実現したこだわりがあった。

それは、輸入・製造・販売・研究・開発。そして、カリフォルニアの自社プルーン農園での栽培……すべてのプロセスを自社で行うことだった。

ミキプルーン農園を造る

ミキプルーン発売当時の1970年代前半、敏量《としかず》はカリフォルニアのプルーン農園を訪れた。

そしてその雄大さに圧倒された。カリフォルニアの農園は、日本の果樹園とは異なり、とにかくスケールが大きい。広い、延々と続く土地に植えられた樹木。その間を縫うように屈強な男たちを乗せたトラクターが走る。青い空の下、燦々《さんさん》と降り注ぐ太陽の光を浴びて、プルーンが輝かんばかりにたわわに実っている。その光景のすばらしさに感動した敏《とし》量《かず》は「いつかはミキの農園を持ちたい」と心に決めたという。

その決意の通り、1990（平成2）年12月、三基商事は、カリフォルニアのサクラメント・バレーに「ミキプルーン農園」を開園した。

アメリカ研修旅行の際、開園のセレモニーが行われた。

「私には夢がありました。約20年前にここカリフォルニアで、初めてプルーン農園を訪れた時から、いつかミキの農園を持ちたいとずっと思っていました。今日ここに、私の夢が実現しました。ここは皆さんの農園です。ミキプルーンのふるさとであると共に、皆さんの『心の故郷』でもあります」

敏《とし》量《かず》のスピーチに、ミキグループのメンバーからの拍手は鳴りやまなかった。

三基商事の貿易部に所属する40代男性社員は、２００９（平成21）年10月から7年間、ミキプルーン農園で仕事をしていた。

大学では経済学を専攻していたが、欧米文化に憧れ、英語力も磨きたいと思い、3年生の時、オーストラリアに留学している。就職活動では海外での仕事に興味があり商社を志望。三基商事に入社した。

しかし入社後の10年半ほどは、営業部で仕事をしていた。この期間に、彼はミキの商品についてしっかり学んだ。また、健康運動を推進しながら、ミキ商品を世の中に広める販売代理店の活動についてもよく知ることができた。販売代理店をサポートすることで、三基商事が大切にしてきた、「人と人とを結ぶ」本質的な部分を学ぶことができた。

その後、貿易部への転属を願い出た。若い頃に思い描いていた、海外での仕事をやってみたいと思ったからだ。４年間は、いわゆる貿易実務や台北支店を担当。そしてついに、アメリカのミキプルーン農園で働くことになった。

カリフォルニアのミキプルーン農園には、営業部時代、キャンペーンツアーで訪れたことがある。壮大なスケールに圧倒され、大自然と一体となった農園の美しさはずっと忘れることができなかった。

彼はアメリカに出発する直前、敏量《としかず》と会っている。

「プルーンは、うちの看板商品であるミキプルーンの原料や。現地のスタッフの協力があって、はじめてすばらしいプルーンができる。自分自身で積極的に作業に携わって、いい人間関係を築いてほしい」

という言葉は、胸に深く刻まれた。

家族と共にカリフォルニア州サクラメントに引っ越した彼の生活は一変した。

事務所では、現地のスタッフや日本人の上司と共に仕事をした。人事、経理、総務の仕事はすべて英語で行う。それ自体も初めての経験で、最初は分からないことばかりだった。

しかし中心となるのは、なんといっても農園での作業だ。

「最初に、自分で農園の地図を作ることを命じられました。農園の各ブロックを自分の足で歩いて、全体を把握するのです。一つのブロックだけでも数十分はかかります。農園全体は、とても歩いて回れる広さではありません。広大な土地に碁盤の目状にプルーンの木が植えられていて、目印などもないので、慣れてない人は迷ってしまうほど。農園の広さと雰囲気に慣れるために、ひたすら歩いて地図を作りました」

収穫が終わったプルーン農園には、静かな秋の気配が漂っていた。

「秋から冬にかけては、葉が落ちたプルーンの木の剪定を行います。80センチほどの大きなはさみを持って、届く範囲の枝葉を剪定。5~6メートルほどの木の上部は4メートル近い梯子を伸ばして、木にセットして刈り込みます。15キロの梯子を動かしたり、剪定ばさみを操るだけでもかなりの重労働。それを一日に何十本も行います」

大阪本社ではいわゆるデスクワークが中心だった。彼は突然の肉体労働に戸惑いながらも、現地スタッフの指導を受けて懸命に作業をこなした。

ちなみに「植物を剪定すること」を英語では、プルーニング(pruning)といい、それだけプルーンにとって剪定は重要な作業ということだ。

秋から冬は、次のシーズンに備える時期。農園の環境を整えて、プルーンの木を元気にしておくと、実の育ち方が大きく異なる。地道だが大切な作業がたくさんある時期だ。

「人間と一緒で、プルーンの木も一本一本、すべてちがいます。面白いもので、同じ時期に植えても、高さもちがえば、形もちがう。それぞれの個性があるのです。それを理解して、その木がすくすく成長できるように、人間が手をかけてあげるのです」

枝が外側に広がって折れないようにロープでしばる、ローピング(roping)。実の重みで枝が折れたり、木が倒れたりしないよう、細長い板で枝や幹を支えるプロッピング(propping)。これらもすべて手作業で行う。木の根元の雑草を取り払い、地面を耕し、灌漑を行うなど、こまごまとした作業を毎日コツコツと行う。(こんなことまでやるのか)と、農作業の細かさに驚くことも多かった。

「それぞれの木に合わせて、ベテランのスタッフが、手間をかける。自分の子どもの髪を切ったり、服を着せたりするように、枝葉を取り、整えるのです。木が健康でたわわに実をつけることができるように……と、まるで子どもの成長を願う親のようです。それが農園の仕事の楽しさであり、また一番大切なことでもあるのです」

春になると、農園は一面真っ白になる。

プルーンの花が咲くのだ。バラ科サクラ属のプルーンの花は、やはり桜に似ている。広大な農園に植えられたプルーンの樹木に、一斉にかわいらしい白い花が咲きそろう様は圧巻だ。見渡す限り、霞たなびくように白い花が続く。白い花は受粉のタイミングを知らせる合図でもある。養蜂業者が、何百万匹ものミツバチを放して受粉させるのだ。

受粉したプルーンからは、小さな緑色の実がなり、徐々に大きくなっていく。緑からピンク、そして紫色へと実は色づいていく。クリスタルステージと呼ばれるこの時期に、プルーンの甘みはぐんと増していくのだ。

透き通った青い空とさわやかな風。夏のミキプルーン農園は、もっともカリフォルニアらしい景色になる。しかし、朝晩はとても冷え込む。朝は10℃、日中は40~50℃になる日もある。この寒暖差がプルーンの甘さとうまみを作り出すわけだが、作業する身にはとてもつらい環境だ。

「完熟したベストのタイミングで収穫することが大事なのです。だから、7月中に農園中を歩き回って、実の糖度などをチェックします。完熟した実から、ハーベスターマシンで一気に収穫。機械が幹をつかんで木をゆすって、荷台が実を受け止めます。収穫時は、なんともいえない気持ちですね。手塩にかけた子を世の中に出すような……。これまでの日々を思い出し、豊かにプルーンを実らせてくれた大自然に感謝しながら収穫作業を行います」

収穫した実は、葉や枝を取り除き、きれいに洗ってからトレーに載せて乾燥室へ入れる。収穫から乾燥までを、どれだけ短時間で行うかによって、ドライプルーンの出来は異なる。

初めて収穫を迎えた夏は感慨もひとしおだった。彼には今まで営業部で扱っていた瓶入

春になるとプルーンの木は白い花をつける。農園を覆い尽くさんばかりに咲き並ぶ様子は圧巻だ。

りのミキプルーンが、全然ちがうものに思えた。プルーン農園での膨大な作業と時間、カリフォルニアの空、大地、水——それらすべてがぎゅっと詰まった、大自然と人の手による「作品」のようだと思った。

「私自身が、心と体をすべて使って農作業を行ったことで、一本一本の木を育てる思いを知りました。私たちは世界最高のプルーンを作っているという誇りを持つことができました」。本社勤務に戻っても、彼のその思いは変わらない。その誇りを胸に、さらに多くの人にミキプルーンを届けたいと仕事に励んでいる。

練って練って、時を読んで世に出す

「私は皆さんに、常日頃より、繰り返し、お話をしておりますが、最も大切なことは、皆さん一人一人が、常に『自分のこと』として、自分の仕事をしてほしいということです。この仕事は、目的はなんなのか。なんのためにやっているのか。これをやることによって、どれだけ会社に効果があるのか。単なる過去の延長では、なんの成長もありません。限られた条件の中で、常に『会社全体』のことを考え、気配りをしながら、知恵を出し、工夫をし、続けていくことが本当の仕事なのです」

これは敏量《としかず》が年賀式で社員に向けて発信したメッセージだ。

分かりやすい言葉で語られているが、実践しようと思っても容易ではない。だが、敏量《としかず》は、本気で社員にこの「本当の仕事」を求め続けている。

商品部の40代男性社員は、敏量《としかず》のそんな思いを受け止め、形にしようと努力している社員の一人といえるかもしれない。

大学の農学部農芸化学科を卒業。三基商事の総合研究所は、1983(昭和58)年10月に設立。彼はその10年後に、大学の恩師の紹介で三基商事に入社し、総合研究所に配属された。

「当時の総合研究所では、大きく分けて研究と開発の二つの業務をしていました。開発の仕事はいわゆるものづくりなのですが、私が入社した当時は、発想力を育てるような土壌がすでにありました。博物館でもイベントでも、セミナーでも、興味があればどんどん行けと。アンテナを張ることも開発者の仕事の一つだと背中を押してくれていましたね」

現在、多くの日本企業が血道《ちみち》を上げて追求している「効率」という言葉はそこにない。

「よその会社と比べて、商品サイクルがゆっくりしてると思いますよ。ノルマとか、強制的に追われて仕事をする感じはありません。それだけに商品化までこぎつけるのが難しいんです。練って練って出す……という感じ。とにかく『いいものを徹底的に追求して出そう』という門田《かどた》社長の思想に従ってやっています」

三基商事は、「健康」「自然」「安全」をポリシーに、時代のニーズに沿った研究を続けてきた。あくまでも食品会社として、商品開発を行っている。本来食べ物には、①生命維持のための栄養摂取としての役割、②食を味わい、楽しむという役割、③健康を増進し、疾病を予防するなどの体調を調整する役割、この三つの重要な役割があるといわれている。つまり食べ物とは、単に栄養成分の寄せ集めではなく、さまざまな機能の可能性が秘められているもの――三基商事はそう考えている。

また、「健康」については、「伝承」と「科学」という二つの切り口を中心に捉えている。「伝承」では、食べ続けられてきたものには、必ずその理由があり、歴史がそれを証明しているという考えから、古今東西の「体にいいとされている食べ物」を研究している。

中国の漢方、ヨーロッパのハーブ、インドのアーユルヴェーダなど、世界のさまざまな国・地域には、その土地の気候風土に合わせた民間療法や養生法がある。それらをもとに、研究を積み重ねてきた結果、200種類以上の素材についてまとめることができた。また、それらに関する歴史的記録を集める文献研究にも膨大な時間が費やされている。

現在総合研究所では、細胞を用いた試験ができる研究設備が整っており、研究開発段階の素材やすでに開発した商品などを研究するセクションがある。同セクションでは、そのものがどういう働きがあるのかを科学的に証明するアプローチを続けている。

次に、「自然」については、素材全体を使うというこだわりがある。たとえば、どんなに体にいいといわれる成分であっても、それだけを抽出して個々の製品にする、などということはしない。自然の素材には、さまざまな栄養素や各種成分があり、そこにバランスや相互作用が生まれることで、体にいい機能を持っていると考えているからだ。

最後の「安全」については、やりすぎと思えるほどの徹底ぶりをみせている。国が決めた基準ではなく、三基商事自らが厳格な「ミキ基準」を設定し、それに合わせた商品づくりを行っているのだ。

「うちの安全基準は厳しいです。そこまでやるか……と私も思いますが、社長が妥協してくれません。自然の素材を原料にしているせいもあると思います」

原料の供給元には、必ず足を運び、その安全性を社員が自分の目で確認するのが当たり前になっている。

「遺伝子組換え作物の輸入が認可されるという情報を知った時も大変でした。まだ、わが国では基準ができてなかったから、会社独自の基準を作ったんです。ミキプロティーン95の原料の大豆は、北米の現地農家にきちんと説明して絶対に遺伝子組換えの大豆を使わないと契約。それだけでなく、大豆は連作障害があるから過去の記録も出してもらって、他の畑から遺伝子組換えの花粉が飛んできた時の対応とか、製造工程でも他と混ざらないようにと何度も確認して……。あまりにも生真面目に細かいところまでこだわるので、パートナーとなるアメリカ人たちは『そこまでやるのか』と思ったでしょうね。翌年、遺伝子組換え作物の混入が5％以内なら遺伝子組換え作物を含まないと表示できるという基準を国は出した。でも、社長は今まで通りミキ基準でいくと。今でも、第三者機関でチェックして、統計学的に最適な頻度で試験もやっています」

栄養補助食品とはいえ、毎日食べるもの。敏量《としかず》には、安心して安全に食べられるのは当たり前だというこだわりがある。この点に関しては、コストは問わない。そしてそのこだわりは、年々強くなっている——そう商品部の男性社員は感じている。

敏量《としかず》のこだわりは安全性だけではない。「食品であること」にも徹底的にこだわっている。つまり、おいしさである。

「社長は味覚が非常に繊細なんです。普通は分からないだろう、というレベルまで味の差を求めてくる。社長のダメ出しで、何百回も作り直したこともありました。社長が考えるおいしさって、深いのです。おいしいのはもちろんで、でも続けられるかどうか。毎日続けているうちに、なくてはならないものになるような……ほんとに難しい。私にとって最大のハードルは社長の味覚です」と彼は苦笑する。

一度出した商品をずっと追い続けることも徹底している。

「人の健康や社会にとって必要——どの商品もそう思って開発しているので、一度出したらなかなかやめないのもミキの特徴。他の会社は、ダメだと思ったらすぐにやめるでしょう？　でも弊社の場合は、『必ずよくなる』……って、ずっと改良を続けるんですよ。私も10年間改良し続けた商品がありました。工場でテストできるのは夜中だけなので、ほぼ徹夜。ほんとのものづくりです。根性と体力のない人には向かないですね」

そんな三基商事の商品開発力が、思わぬところで実を結んだこともある。ミキプルーンがJAXA（国立研究開発法人宇宙航空研究開発機構）の宇宙日本食に認証されたのだ。

2003（平成15）年、宇宙開発事業団（NASDA）、宇宙科学研究所（ISAS）、航空宇宙技術研究所（NAL）の3機関が統合し、誕生したのがJAXA。政府全体の宇宙開発利用を技術で支える中核的実施機関と位置づけられている。この統合によって、基礎研究から開発・利用に至るまで、JAXAで一貫して行える体制が整い、日本の宇宙航空研究が加速し、大きな成果が得られることが期待される。

宇宙日本食とは、食品メーカーが提案する商品をJAXAが評価し、宇宙食の基準を満たしている場合に認証される。当初は白飯やラーメンなど、国際宇宙ステーションに長期滞在する日本人宇宙飛行士に、日本食を楽しんでもらい、ストレスを軽減し、仕事の効率を維持・向上させることを目的とするものだった。やがて、宇宙飛行士の健康維持を目的に栄養を確保するための食品も、宇宙日本食として認証されるようになった。三基商事

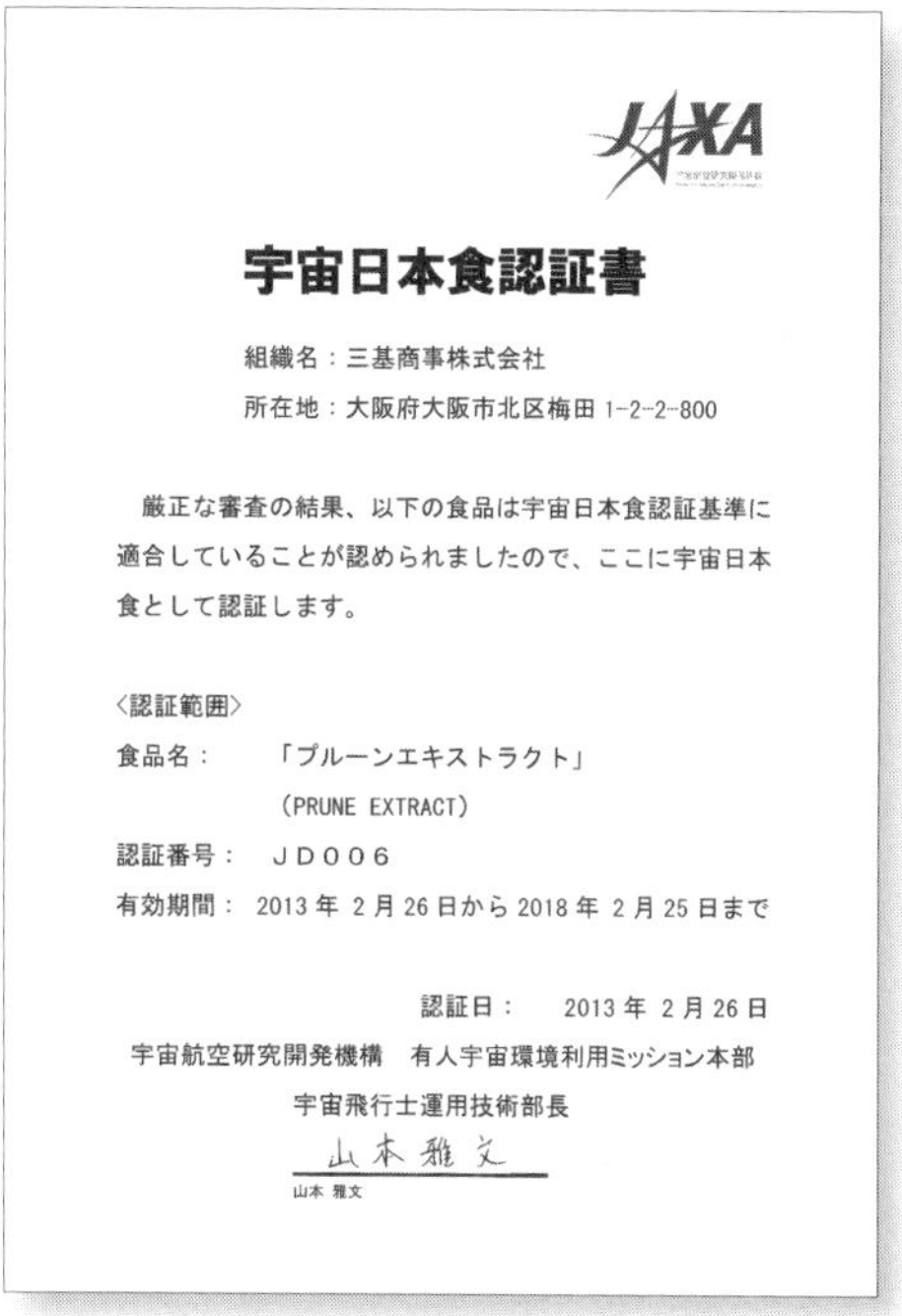

宇宙日本食認証書
組織名：三基商事株式会社
所在地：大阪府大阪市北区梅田 1-2-2-800
厳正な審査の結果、以下の食品は宇宙日本食認証基準に適合していることが認められましたので、ここに宇宙日本食として認証します。
〈認証範囲〉
食品名：　「プルーンエキストラクト」
(PRUNE EXTRACT)
認証番号：　JD006
有効期間：　2013 年 2 月 26 日から 2018 年 2 月 25 日まで
認証日：　2013 年 2 月 26 日
宇宙航空研究開発機構　有人宇宙環境利用ミッション本部
宇宙飛行士運用技術部長
山本雅文
山本 雅文

ミキのプルーンエキストラクトは厳しい認証条件をクリアして宇宙日本食に認証された。健康にとことんこだわったミキの商品はいよいよ宇宙にまで進出した。

の「プルーンエキストラクト」は、そのカテゴリーで宇宙日本食に認証されている。

ＪＡＸＡのサイトには、商品の写真と共に「体調を整えるビタミン・ミネラル、便通を良くする食物繊維、そして抗酸化作用のあるポリフェノールなど美容と健康に大切な成分を多様に含んでいます。カルフォルニアの太陽の恵みと豊かな大地に育まれた厳選したプルーンを抽出し、着色料、保存料等を一切使用していないエキス状の食品です」と紹介されている。

ミキのプルーンが宇宙日本食になったきっかけは、国際宇宙ステーションに関する産学連携の学会だった。つくばの宇宙センターでガイダンスを受け、膨大なレギュレーションを指導された。プルーンについては、研究開発のアーカイブが充実していたため、比較的スムーズに宇宙日本食として認証された。もちろん、ＪＡＸＡからは工場の立ち入り検査を受け、膨大な資料を作成し提出したことは言うまでもない。

時代の先を読んだ商品

三基商事の商品開発は、プロジェクト方式で行われている。2〜3人で意見を出しながら進めていく。総合研究所で基礎研究を行い、その後開発担当、試験担当など、それぞれの分野の担当者が引き継いで仕事を進めていく。

協力会社から素材を薦められたり、素材研究の中からよい素材を探し出したりして、それを軸に商品化したものもある。特に初期の商品は、敏量《としかず》の独特の勘が原点となって誕生したものが多い。

かつて三基商事の研究部門の幹部社員が、米国コーネル大学の教授に三基商事の四つの商品を紹介したことがあった。ミキプルーン、ミキエコー37、ミキプロティーン95、ミキバイオ-Cの四つである。それぞれの栄養成分や機能の説明を聞いた後で、その教授は言った。

「これはだれが考えたのですか？」

「弊社の門田《かどた》社長です」

「門田《かどた》さんは、科学者なのですか？」

ビジネスマンであると説明すると、教授は驚いた。

「信じられない！　これはパーフェクトです」

これらの4商品は、アメリカの「健康強調表示」、いわゆるヘルスクレーム（186ページ参照）の大半の訴求点を満たしていたのである。

1990（平成2）年、アメリカで栄養表示教育法が成立。本法の目的は、摂取する食品に関して、科学的に検証された情報を消費者に提供することだ。これによって、食品や食品成分と身体の機能、特定の疾病や症状との関係、疾病リスクの低減（ヘルスクレーム）を表示できることになった。

教授にプレゼンテーションした4商品は、多くのヘルスクレームの訴求点にマッチするところがあった。なかでもミキプルーンは、四つもの訴求点に関連していることが分かったのである。

これらの商品が誕生したのは、1972（昭和47）～1983（昭和58）年。ヘルスクレーム制度ができるずっと前のことだ。20年近く昔に、すでに疾病リスクが低減できる栄養成分を取り入れた商品を、学者ではなく企業経営者が開発していたことに、その教授は驚いたのであった。

ミキ商品のラインナップの中心となるのは、やはりこの4商品だ。

■ミキプルーンシリーズ

カリフォルニアで育まれたプルーンを厳選し、着色料、保存料等、添加物を一切使用せずに作られたお馴染みの商品。

●ミキプルーン エキストラクト　1972（昭和47）年発売

長寿の地・コーカサス地方で、「生命の実」として食されてきたプルーンを原料とする栄養補助食品。カリフォルニアのミキプルーン農園で育ったプルーンを乾燥させ、西宮工場でていねいにエキス分を抽出。さまざまなビタミン、ミネラル、クロロゲン酸をはじめとするポリフェノールなどを多様に含む。

三基商事の総合研究所は、商品発売後もずっとプルーン研究を続けており、さまざまな栄養効果のエビデンスを論文として発表している。

●ミキプルーン エキストラクト スティック　2014（平成26）年発売

ミキプルーン エキストラクトを、いつでもどこでも食べられるように、分包した商品。栄養バランスが偏りがちな、多忙なビジネスパーソン、外食が多い人などに最適なスティックだ。

●ミキプルーン ディーオー　2009（平成21）年発売

ミキプルーン エキストラクトを開発している頃、「水あめ状ではなくて、固形にしたら？」というマーケティング研究者の一言が、ヒントとなって誕生した商品。

ミキプルーンのエキス成分はそのままに、品質とおいしさを凝縮して、ひと口サイズに。

着色料、保存料等、添加物を一切使用せず、プルーンの成分のみで固形状にしている。ゼラチンによって果汁などを固めたグミとは異なる、ミキ独自の高い技術力によって固形化に成功した。弾力ある歯触りととろけるような食感にファンも多い。携帯に便利なアルミパッケージ。

■ミキエコー37　1978(昭和53)年発売

現代人に不足しがちな植物性脂肪を植物性カプセルに包んだ商品。オレイン酸を多く含み抗酸化力が抜群のアボカドオイル、γ-リノレン酸を含むボラージオイル、オメガ3系のフラックスシード(亜麻仁)オイルなど、植物性脂肪をバランスよく配合。これらのオイルを包むソフトカプセルには、独自開発の植物性カプセルを採用している。

すでに1975(昭和50)年には完成していたという本商品。当時の日本人はまだアボカドという果物に馴染みがなかったことから発売を見合わせていた。数年後、アボカドが輸入されるニュースを知るや否や、商品を発売。そのタイミングが奏功して、大ヒット商品となった。

■ミキプロティーン95　スープリーム　1982(昭和57)年発売

健康と長寿を保つ栄養源として、世界各地で食されてきた大豆を原料とする栄養補助食品。人間の体内で作ることができない9種類の必須アミノ酸をバランスよく含む大豆たんぱくを効率よく摂取できる。大豆に含まれている形のままのイソフラボン、大豆食物繊維、大豆に含まれる脂質・レシチンなど、大豆を構成する栄養素をぎゅっと凝縮した商品だ。

前に紹介した遺伝子組換え作物の輸入が許可された際、この商品の品質を守るために、三基商事は基準を自ら作り、今も守っている。あくまでも非遺伝子組換え大豆を使い、原材料の品質管理を行っている。

■ミキバイオ―C　1983(昭和58)年発売

体内で作ることができないビタミンCは、水に溶けやすく熱に弱い。ストレスを受けても消費されるため、現代人が不足している栄養素の一つ。また、地層が火山灰によって形成されている日本では土壌や水に含まれるカルシウムが少なく、農作物中の含有量も少ない。ミキバイオ―Cは、日本人に不足しているビタミンCとカルシウムを同時に摂取できる栄養補助食品だ。高い技術力によって無味無臭にしたマリンカルシウムを使っている。

時代の変化とともに、日本人のライフスタイルも変わる。病気予防や健康に対するニーズも徐々に変わるため、先の4商品に続いて、三基商事はそれらに応える栄養補助食品を開発してきた。

■ミキGシックス　2009（平成21）年発売

第6の栄養素として注目されている食物繊維を補う食品。穀物・豆・野菜・芋・海藻など、六つの植物の根や茎、葉、実を含む素材を配合している。不溶性・水溶性それぞれの食物繊維に含まれる栄養素だけでなく、ビタミン、ミネラル、ファイトケミカルなど健康効果の期待されるさまざまな成分も一緒に摂取できる。

■ミキジョイントビューティー　2000（平成12）年発売

女性の美容をサポートし、加齢による成分の不足を補うための栄養補助食品。カニの殻から抽出したアセチルグルコサミンとグルコサミン、マリンコラーゲンペプチドを配合している。サプリメントとして手軽に飲める粒タイプ、料理などに生かせる顆粒タイプがあり、ライフスタイルに合わせて毎日食べ続けられる。

■ミキグルコエイド（特定保健用食品）　２００２（平成14）年発売

食後の血糖値の上昇が気になる人のための食生活をサポートする特定保健用食品。小麦に含まれる水溶性たんぱく質の小麦アルブミンが、体内のでんぷん消化酵素の働きを緩やかに。食品に含まれるでんぷんの消化・吸収を遅らせることで、食後の血糖値の急激な上昇を緩和する。

■ミキアスプリプラス　２０１３（平成25）年発売

インドを中心とする南アジアで、若返りのフルーツとして３５００年以上前から食されてきた果実・アムラのエキスを配合。アムラには美容と健康に役立つポリフェノールが豊富に含まれている。中でも特徴的な「エラジタンニン」には、体全体をいきいきとさせるさまざまなメリットがあることが分かっている。アムラエキスとフィッシュコラーゲンをブレンドしたミキアスプリプラスは、飲んで体の中からケアする美容補助食品だ。

■ミキフローライフ　トリニティ　２０１６（平成28）年発売

三基商事は、1986（昭和61）年、長寿で知られるコーカサス地方で発見された乳酸菌LBH MIKI-020と出会う。それをセンテナリアン乳酸菌と名付け、長い年月研究を続けてきた。その結果、腸内フローラを整えるだけでなく、自然のリズムを呼び覚まし、休養を深める働きにより、現代人のライフスタイルをサポートできることが明らかになった。ミキフローライフ トリニティは、センテナリアン乳酸菌をタブレットにした栄養補助食品だ。

また、三基商事は、食品だけでなく、スキンケア商品や家庭用品のラインナップによって、人々の健やかで快適な生活をサポートしている。

■スキンケア

ヨーロッパ屈指の温泉保養地として知られるドイツのバーデン・バーデンで誕生した化粧品「ビオドラガ」。肌が本来持っている素肌力を生かし、バイオサイエンスを応用した「バイオロジカルビューティーケアシステム」で、健やかな肌づくりを目指す。

若々しい素肌を育む「エアステ リニエ」、エイジングケアのための「ビオネージュ」、肌の複合エイジングサインに多面的にアプローチする「ドゥース デュレ」と、三つのシリーズで展開している。

ベースメイクやメイクアップの商品も各種あり、自社で運営しているラーニングサロンでは、さまざまなコスメティックセミナーを開催。美容のプロからスキンケア商品の使い方を学び、スペシャルケア体験もできる。

■ボディケア

植物性油脂や植物の保湿成分を配合した「ミキ ボディソープ」、20種類以上の植物エキスを配合したアロマ効果のある「ミキ ヘアケアシリーズ」、生薬100％の入浴剤「湯草A」、タラソテラピーの発想から誕生した海藻と塩の薬用歯磨き「アルゴデンティル 3」など、高品質の素材を贅沢に使ったボディケア用品は使い心地のよさに定評がある。

■家庭用品

環境にやさしいコンパクトタイプの液体洗剤「ミキクリーンライト」、植物性原料を使用した洗濯用粉末洗剤「ミキクリーンパウダー」、高い洗浄力と豊かな泡立ちの台所洗剤「ミキクリーンメイト」などの家庭用洗剤も各種そろっている。

ここで今一度、商品部の男性社員の言葉に耳を傾けたい。

「うちの会社ではマーケティングやリサーチも行ってますが、結果はあくまでも参考にする程度。マーケティングのデータをもとに商品を作るという発想は、昔も今もありません。それがミキの面白いところではないでしょうか。今の人の声も大切にしつつ、何千年も昔の食の記録や未来の食のイメージから商品を生み出している。長寿社会になって、これからは健康寿命の延伸が課題となっていくでしょう。いつまでも若々しく、元気に生きる日本人が増えれば、社会の活力もアップする。そのために、私たちがやれることはまだまだあると思っています」

敏量《としかず》が求め続ける「本当の仕事」を会社全体で実践する意気込みが、彼の言葉から感じられた。

※ヘルスクレームとは、健康強調表示のこと。アメリカではFDA（米国食品医薬品局）が調査し、有効であると判断した成分を公開。企業は、食品やサプリメントに、その有効成分を一定以上含有すれば、ヘルスクレームが可能になる（事前に明確な科学的同意に基づくFDAの承認が必要）。

第8章

未来に向かって

50周年、そしてこれから

本書では、三基商事の半世紀を、創業者である門田敏量《かどたとしかず》の半生を絡めつつ振り返ってきた。

50年という大きな節目を経て、これから三基商事は何を目指すのか。最終章では、三基商事のこれからについて概観してみたい。

まずは三基商事の今を担う社員の声を紹介する。

東京エリアのグループリーダーである40代男性社員は、1999(平成11)年入社。

幼い頃はぜんそくを患い、蒲柳《ほりゅう》の質だったという。両親が、生活習慣や食生活などに配慮してくれたおかげで徐々に健康に。そんな経験からか、成長すると共に健康、そして食に興味を持つようになった。食と健康の分野で、人に貢献する仕事をしたいと思い、三基商事への入社を志望した。

最初に彼が配属されたのは、東京支店の営業部だった。

「仕事は、商品の販売を担うミキグループの代理店、そして営業所の活動をサポートすること。新入社員なので事務処理や代理店主催のイベントの手伝いなどが主な業務でした。特に新人時代は、代理店の皆さんの方が知識も情報もたくさん持っているので、いろいろと学ばせていただきました」

彼は、母や祖母と同じ世代の女性たちから、商品説明会やイベントなどの現場を通じて、三基商事及びミキグループが掲げる理念や、健康運動の内容などさまざまなことを教えてもらったという。その後、九州支店に転勤となり、福岡県と沖縄県を3年間担当した。

「営業職の経験を8年間積んだ後、人事部に配属されました。もともと社員がいきいきと働ける環境づくりをしたいという思いがあり、人事という仕事に興味を抱いていました。内側から社内のしくみを改善することができるのではないかと思っていたのです。もちろん最初は、社員の勤怠管理や事務的な仕事ばかりです。しかし徐々に、いろいろな部署の社員と対話をする機会ができた。営業という立場では分からなかった、会社の全体像を内側から見ることができました。そこから得られた気づきをもとに、新入社員の採用活動や社員の育成などを行うようになりました」

現在、彼は再び営業職に戻り、グループリーダーとして東京エリアの代理店に対するサポートを行っている。

「人事部では、弊社にどんな部署があり、またポテンシャルがあるのか――いわば三基商事の宝を知ることができました。だから今は、総合研究所や商品部など他部署の知恵や力を借りながら、代理店やお客様により充実した情報を発信しています。

三基商事がここまで成長できたのは、商品力と販売システム。この両輪の力です。ミキグループ代理店の方々の情熱にはいつも頭が下がる思いです。どうしてここまで三基商事、そしてミキグループのために、ご自分の時間と力を費やすことができるのか。不思議に思うこともあります。創業時、健康運動を推進してきたメンバーの方々の思いが、連綿と引き継がれているのだと思います。その歴史こそが、ミキグループの財産なのかもしれません」

外部の人間である著者にとっても、ミキグループ代理店への取材はある意味衝撃的であった。

価値観が多様化している現在では、一つの理念を信じ、それを他者に向かって熱く語ることは、憚《はばか》られる風潮すらある。ところが彼女たちは、自分たちの信じるところを疑うことなく、まっすぐに相手の目を見つめて語る。あの情熱を共有するグループを、今の時代に新しく一から作り出すのは不可能ではないかと思われる。

中堅社員である彼は、三基商事の将来についてどのように考えているのだろうか。

「他の日本企業と同様に、国内市場の飽和、長引く不況による業績の悪化、代理店やお客様の高齢化など、課題が多いことは肌で感じています。三基商事としてもミキグループとしても、今が変革する時期なのだと思います。今までとはちがう、新しいことにチャレンジしなくてはならないでしょう。私は働きやすい環境を作り、社員教育に尽力したいと思っております。後輩や若手社員の手本となるべく、いい仕事をしていきたい。お客様、ミキグループの皆さん、そして社員が健康で幸せになるように、自分ができることをしたいと思っています」

三基商事のブランドを確立したい

人事部で就活生の面接担当になった時、採用を決めた基準とは「その人がうちの会社でいきいきと一緒に働いている絵が見えるかどうか」だったという。

その基準によって、多くの若者が三基商事の社員となり、現在活躍している。その一人が、東京エリア営業部の30代女性社員である。

2009(平成21)年入社の彼女は、少しユニークな背景を持っている。彼女の母親が、三基商事の営業所だったということだ。

「30年前、2歳の姉の次に、私たち双子が生まれた時、母の体調はあまりよくありませんでした。いろいろなものを試していた中で、ママ友から薦められたのが一瓶のプルーンだった。気に入った母は毎日ミキ商品を食べるようになりました。集いや勉強会などにも頻繁に参加して、栄養や食について学ぶようになったそうです」

子どもの頃を思い出すと、家の中には必ずミキ商品があった。

朝起きると、テーブルの上にはミキプルーン、ミキバイオ-C、ミキプロティーン95、ミキエコー37が入ったシェークが。出かける時には、ミキバイオ-Cとミキエコー37を母親から手渡された。おやつは、ミキプロティーン95で作ったキャラメルやミキプルーン入りの蒸しパン。就寝前にはホットプルーンを一杯。生活の中にミキ商品がすっかり溶け込んでいた。

当時住んでいた団地には、ミキ会員が多かった。そのため、団地の集会所でミキグループの代理店が説明会を行っていた。彼女や友だちは、母親たちのそばで遊ぶことが多かったため、自然な形でミキ商品の説明や栄養についてのレクチャーなどを聞いていたという。

「だから三基商事に入った……というわけではないんです(笑)。大学の商学部でマーケティングや老舗企業論などを学び就活。100社ぐらい受けました。段々面接慣れしてくると、担当者の方の対応から、学生なりにその会社が見えるようになるんです。三基商事の面接官は、すごくていねいな対応をしてくれた印象があります。学生ではなく、一人の人間として話を聞いてくれた……いい会社だと思いました」

母親に相談したところ、意外にも「あなたの人生なんだから自分で決めなさい」との答え。父親の方が「三基商事がいいと思う」と勧めてくれた。

「父は、それまでの22年間、健康運動に勤しんできた母を見ていたので、三基商事に対していい印象を持っていたのでしょう。私自身も、健康の大切さや生きるための基本など、子どもの頃から母から教えられてきたことは、元を正せば三基商事にあることに気づき、入社を志望しました」

彼女は、入社以来ずっと営業部で仕事をしている。

「8年前、三基商事では営業職の女性はほとんどいませんでした。代理店の方々も、当初は違和感を覚えていたようです。私は母を見ていたので、ミキグループの方々が普段どのような生活をされているのかは知っていました。しかし、代理店の方々のお仕事への姿勢に触れ、あらためて健康運動やミキグループの理念について学ぶことができました。子どもの頃から一人のユーザーとして慣れ親しんでいたミキ商品ですが、三基商事に入って、その本当の価値がはじめて分かったような気がしました」

入社して8年、三基商事はどんな変化を遂げたのだろう。

「女性営業職が増えましたね。女性が増えたことで、代理店の皆さんの女性社員に対する目も変わったと思います。ミキグループだけでなく、三基商事も女性が活躍できる会社として認知される存在になってほしいと思っています」

母親のおかげでミキ商品に囲まれて成長した彼女には、三基商事のこれからを考える上で、あるこだわりがある。

「三基商事のビジネスは、便宜上『訪問販売』に分類されています。しかし、訪問販売のビジネスは多種多様で、本当に種々の会社があります。ビジネス的な分類よりも、三基商事の理念や本質的な部分を知ってほしいと思います。三基商事の理念や本質的な部分を知ってから、判断してほしい。そのためにも、しっかりとしたブランド価値を確立したいです。三基商事が50年かけて続けてきたこと――商品へのこだわり、心からこころへという販売システム――そこから生まれたものを、一つのブランドとして作り上げ、それをより多くのお客様にお届けしたいと思っています」

彼女を含む若手の社員たちは、これからの三基商事について議論を交わすことも少なくないという。今までに築き上げた三基商事のイメージや世界を守り、さらにブランド価値を高めるにはどうしたらいいのか。自分たちにできることはなんなのか。時代の変化と共に、日本人のライフスタイルや、食や健康に対する考え方も急速に変わっている。これからは、変化に敏感な若い世代からも、新しい三基商事のブランドイメージが発信されていくのだろう。

外側から見た三基商事の強み

静岡エリアの係長を務める40代女性社員は、2000(平成12)年に三基商事に入社。営業部で約3年半仕事をしたが、プロゴルファーを目指して退職。しかし、過度の練習によりケガをして、夢を断念せざるを得なくなった。その後、いくつかの企業でキャリアを積み、2008(平成20)年に復職した。

そんな異色の経験を持つ彼女は、三基商事を辞めた後に、会社の強みをより深く理解できたという。

「三基商事の営業は、自分が直接販売するわけではありません。販売を担う代理店の方々の管理やサポートをするのが主な業務。入社当初から代理店さんの販売力はすばらしいと思っていました。でも、他の会社で実際に自身が営業活動をやってみて、あらためてその力のすごさを知ったのです」

他社で広告や販売促進などの営業をしていた頃は、未知の企業に電話をかけ、それこそ飛び込み営業もしていた。契約どころか話を聞いてもらうだけでも一苦労。なかなか成果を上げることができなかったという。

「初めて一番小さな枠の広告の契約が取れた時、涙が出るくらいうれしかった。その時、ミキグループの代理店さんのことが頭に浮かんだのです。私が営業部員として淡々と処理をしていたミキ会員の申込書を1枚獲得するために、彼女たちはどれだけの苦労をしてきたんだろうって。以前も、皆さんのスキルや人間性には敬意を払ってきましたが、自分が営業する立場になって、その裏にある本当の苦労や情熱を肌で感じました」

だからこそ彼女は、復職後は、ミキグループのメンバーに対しては、できるかぎりの配慮をしながらサポートを行っている。

「営業という仕事は、人と人とのつながり。その究極が、ミキグループの販売システムだと思います。商品やサービスの価値を理解できればお客様は満足され、ずっと買い続けたいと思うでしょう。やはり、商品の価値を伝える人の力は非常に大きいのです」

三基商事にとって、この販売システム自体が最大の強みだとも感じている。

「どんな会社の営業社員でも、自社製品をいいものだと思って販売していると思います。でも、ミキグループのメンバーの思いは格別です。ミキグループの場合、もともとミキ商品を愛用している人たちが、その思いが高じて営業所になり、代理店になっているのですから。一般の営業社員とは、その成り立ちからしてちがうのです」

そんなメンバーたちの思いを支えているのは、1973（昭和48）年に発表され、ミキグループの『憲法』として生き続けている理念だという。その理念がどこまでも行き渡っていることが、ミキグループの団結力、一体感につながっている。

「代理店主催の営業所会議では、冒頭に必ずミキグループの理念を全員で唱和します。仕事である限り、さまざまなことが起こります。もちろん、いいことばかりではありません。そこには、『何があっても、必ずこの理念に戻りましょう』という意味が込められているのです」

理念はミキグループの目標やビジョンを言葉にしたもの。それと同時に、メンバーの心のよりどころでもある。

「それだけ、人と人をつなぐ営業という仕事は、奥深く、一筋縄ではいかないということだと思います。それを積み重ね、究めていらした代理店の皆様に対して、人生の先輩として、また仕事人として、私は尊敬の念を抱いています」

3年前、彼女は係長に昇進した。復職という経緯もマイナスにはならず、むしろ社内には、その経験自体を貴重なものと捉える向きもあるという。

「仕事の評価に対しても男女平等なので、非常にやりがいのある仕事環境だと思っています。三基商事はこれから何を目指していくべきか。私は、この販売システムをとことん追求すべきだと思っています。もちろん、時代の変化に対応していくことは大事です。でも、50年という歳月で築いた宝を、最大限に生かす方法も考えていきたいと思っています」

デジタル世代が考える未来

東京エリアの営業を担当する20代女性社員は2014(平成26)年に入社。高校から大学までの7年間、チアリーディングに熱中していた。大学では化学を専攻。バクテリアの抗体など、生命科学全般に興味を持っていた。

入社後、3カ月の研修を経て現場に配属された当初は、少なからず戸惑いがあった。22歳の彼女が対応する代理店メンバーは、若い世代でも母親、ほとんどが祖母と同世代だ。

しかし、先輩社員の言葉に従い、積極的に電話応対をし、さまざまな行事のサポートを行っているうちに、ミキグループメンバーにも顔を覚えてもらい、徐々に馴染むことができた。

「ベテランの代理店の方々が、私のような新入社員に『お願いします』と頭を下げたり、お礼の言葉をくださったり……とてもびっくりしました。年齢とか性別は関係なく、当たり前のことを当たり前にできるのがミキグループなのだな……と実感しました」

「当たり前のことが当たり前にはできない」のが世の常であることを知ったのは、大学時代の友人と近況報告をした時だ。他の企業では、年功序列が基本で、男女の差別も存在する。まだ仕事に慣れていない新人は、顧客や先輩に理不尽に怒られることだってある。

「私のような新入社員が感謝の言葉をいただけるなんて、普通はありえないことなのだと知りました。また、友人からはコストやノルマなど、数字的な話も多く、お金に対する意識が強く感じられます。もちろん三基商事も企業なので、売り上げは大事。でも、ミキグループのメンバーは、お金や利益だけを目的に物を販売しているのではない……という部分が、大きなちがいなのだと思います」

50年という歴史を築いた、三基商事の先輩、そしてミキグループのメンバーからのたすきをつなぐために、これから私たちができることは何か？　最近はそんな思いが募るという。

「今までのつながりを大切にすることはもちろんですが、私と同世代の人たちにももっとミキ商品を知ってほしい。現代の若者にとって、ネットやＳＮＳは、いい意味でも悪い意味でも、コミュニケーションや情報発信の主流となっています。三基商事やミキ商品の情報をそれらを使い発信して、新しいお客様との接点を増やすことはできないか、若い世代をターゲットとする何か新しい取り組みはないだろうか。簡単なことではないけれど、私にできることを模索する日々が続いています」

小学校3年生の時に自分の携帯電話を持ったという彼女は、いわばデジタル・ネイティブ。スマホを持たない生活など考えられない世代である。そんな彼女ならばこそ、リスク対策も踏まえた上で、次世代のミキグループの健康運動を、ＩＴやデジタル技術を用いて実現することができるかもしれない。

「今の20代、さらに下の世代は、経済的にも、また社会性といった面でも、男女問わず一生仕事をする人が多いでしょう。そのためには、心身を健康的に維持することはとても重要。エネルギーが有り余っている若い時分には、健康や食生活を軽んじる傾向があるものです。しかし、食に対する意識を変えることが、自分の将来をも変える。それを多くの若い世代に知ってほしいのです」

従来の人から人へ伝えるという方法から離れるように思えても、50年の三基商事の歴史と伝統をつなぐためには、あえて新しい世界に踏み入る挑戦も必要――彼女は、そう考えている。

「今までのつながりは維持・拡大し、それとは別のベクトルで若い世代やちがう層をターゲットにしていきたい。その二つのルートが共存共栄できるような何か。まだ具体的なアイデアは思い浮かびませんが、何かできることがあるのではないかと思っています」

最大の宝はコミュニティ

「販売システムとこだわりの商品。この組み合わせがここまで完成されたビジネスは稀でしょう」

そう語るのは、株式会社ＳＨＩＦＴの代表取締役・小《お》田《だ》嶋《じま》孝《たか》司《し》だ。ニューヨークやパリで美術、デザイン、映像製作を学び帰国。１９７４(昭和49)年より、プランナーとしてさまざまな大手企業のＣＩ(CORPORATE IDENTITY：企業イメージの統合戦略)開発プロジェクトを担当している。

1992(平成4)年10月から、三基商事は、小田嶋を迎えてCI開発「SUPER SHINE プロジェクト」をスタートさせた。三基商事の企業ビジョンを明確化して、現状とのギャップを埋めていく作業である。当時三基商事は順調に成長し、経営も順風満帆であった。しかし敏量《としかず》は、持ち前の先見性を発揮し変革の必要性を感じて、小田嶋を起用してCI開発に乗り出したのだ。

CI開発は、敏量《としかず》が想像していた以上に厳しい仕事であったという。三基商事の中堅社員が中心となり、自社の現状を調査し、研究・分析する。理念、コミュニケーション、人材像、名称、イメージアイテム、事務効率、新規事業の七つの分科会によって作業が行われた。

そこから導かれたCI戦略の仮説を提案し、役員会の承認を受ける。その後、八つの理念検討チームが結成され、各チームの間で知恵を競い合う。

それぞれのチームが発表した内容をもとに、CIコンサルティングチームが専門家の立場から本格的な理念づくりを行った。そこから企業理念のキーフレーズ「こころ満たす、気概」が誕生。従来三基商事が守り続けた経営理念「心ある経営」やミキグループのスローガン「心からこころへ」を受け継いだコンセプトとなっている。また、現在ではすっかり定着した赤いコーポレートマーク（フィロソフィ・シンボル）もこの時生まれたものだ。スタートから約2年後の1994（平成6）年秋、三基商事の「SUPER SHINE プロジェクト」は完成した。

「CI開発には、つらい思い出しかありませんなぁ。ほんとにきつかった。あんなにしんどい思いをしたことは他にない」

と、社長の門田《かどた》敏量《としかず》は語る。自らの企業の現状を洗いざらい出して、「弱み・強み」を調査する。その中から、自分たちの目指すべき将来像を構築する――さまざまなステークホルダーと共に、一つのビジョンに収斂《しゅうれん》するために、短期間に多くのことを判断し、決定しなくてはならない。どの企業においても、CI開発とは過酷な作業であり、経営陣はエネルギーを使い果たすという。

そんな修羅場を共に経験した小田嶋は、それ以降も敏量《としかず》のブレーンとして三基商事に関わってきた。

「三基商事がこだわり続けてきた『健康』とは、人類共通の永遠のテーマ。健康をテーマとしている限り、事業承継や世代交代が起こっても、その理念は必ずお客様に伝わります。それが三基商事の最大の強みでしょう」と小田嶋は語る。

第1章の冒頭でも書いた通り、現代の日本人の最大の関心事は「健康」だ。昨今では、それが個人にとどまらず、国や自治体、企業も重きを置いている。

2002(平成14)年、国民の健康維持と現代病予防を目的に「健康増進法」が制定された。本法に基づいて、健康の増進を統合的に推進するため、厚生労働省は「健康日本21(第2次)」を策定。「健康づくりは、国民一人一人が正しい自覚を持ち、自らの意志で生活習慣の行動変容を遂げなければ効果を上げることはできない。こうした個人の力と併せて、社会全体としても国民の主体的な健康づくりを支援することが重要である」として、自治体ごとにその活動を展開している。

また昨今では、企業において「健康経営」というキーワードが注目されている。人材は企業にとって重要なリソースの一つ。従業員の健康を配慮することで、経営的にも大きな成果が期待できる「健康経営」を戦略的に実践する企業も増加しているのだ。

健康だけでなく、食育についても同様だ。2005(平成17)年には食育基本法が施行。栄養の偏りや不規則な食事スタイルなどで健全な食生活が失われているとして、家庭や学校、地域を中心に、食育の推進を掲げている。

いずれも、「健康で豊かな生活は、バランスのとれた食生活から」という理念によって、ミキグループが推進してきた健康運動の重要性がようやく認知されたかのように、日本全国で取り組みが行われている。

小田嶋は、自著である『健識経営革命』（1994年　プレジデント社刊）の中で、伊藤忠商事や毎日新聞社、NTTドコモなどの自ら手がけた実例や、資生堂、ジョンソン＆ジョンソン、ナイキなどの健康経営の事例などと共に、三基商事を紹介している。その時の実感を、感慨深く次のように触れている。

「三基商事は食品販売業というより、一種の教育産業を志向しています。女性的組織原理の強さと限界を明確にわきまえ、ビジネスの要諦として何を大事にすべきかをよく知っている数少ない21世紀型の企業といえるでしょう」

また、その認識は、時代を経てさらに強まっているとも言う。

「ミキグループの皆さんが展開してきた健康運動によって、三基商事には独自のコミュニティがすでにあります。現在、多くの日本企業が大きな投資をしているのが『コミュニティづくり』。インターネットやSNSがコミュニケーションの主流となった現在、『つながりたい』とネット上に集まってきた人たちをまとめて、一つのコミュニティを構築したい。

そこを拠点にマーケティングや広告宣伝を行えば効率的かつ確実です。どの企業もそう考えているのですが、残念ながらコミュニティなんて、そう簡単にできるものではありません」

飽和した市場では、消費者のニーズが見えづらい。潜在的なニーズを捉えて、それをもとに商品開発を行いたいと考えている企業は少なくない。顧客満足度と顧客ロイヤルティの向上を目指す「CRM（Customer Relationship Management）：顧客関係管理」など、さまざまな手法も開発されているが、残念ながらまだ結果は出ていない。

また、大手レシピサイトなど、ユーザーからの投稿でコンテンツを集め、コミュニティを醸成する「CGM（Consumer Generated Media）：消費者生成メディア」も増えている。しかし、一般人からの投稿による情報発信にはリスクも多く、信頼性があり安定したコミュニティを作るのは非常に難しい。

「三基商事、そしてミキグループの場合は、約50年という歳月をかけて、アナログの形でコツコツとコミュニティを構築してきた。その中心には、揺るぎのない理念があります。時間と労力を惜しまない分、強くしっかりとしたコミュニティを築くことができた。これはどこの企業も真似できないと思いますね。

これからの課題としては、すでに構築したコミュニティを、時代に合わせて成長させていくこと。どのような手法でより洗練させていくのか、実に楽しみなチャレンジだと思います」

三基商事、そしてミキグループが築いてきたコミュニティを、ＩＴの専門家や若い世代を巻き込んで、進化させる時期が到来したといえるだろう。

不易流行を誠実に

門《かど》田《た》敏《とし》量《かず》の仕事を支える幹部の一人が、現在三基商事常務取締役を務める門《かど》田《た》淳《じゅん》である。敏《とし》量《かず》の長男である彼は、米国留学を経て帰国後、三基商事に入社。広告宣伝と販売促進部門でキャリアを積んだ。

子どもの頃から、家庭で交わされる父と母の会話から、三基商事の事業内容を自分なりに理解していたつもりだったが、営業部に配属されてから、その認識が新たになったという。

「代理店の方々の情熱、そして温かみに圧倒されましたね。そして、ミキグループのメンバーの皆さんの絆。大きな代理店会議が年に何度かあるのですが、社長は『普通は親戚でも年に何度も会わないだろう？　でも、私たちは毎年必ず会っているんだ』とよく言っていました。その言葉通り、親戚よりも濃い関係性を感じます。理念を共有し、先達からの思いのたすきをつないでいる。すごいコミュニティに成長したものだ……と心底驚きました」

そんな門田淳が、次代の三基商事を担うことを強く意識するようになったのは、2011(平成23)年の東日本大震災がきっかけだった。会社がどうなるのか、社員やミキグループの絆を守るために何をしたらいいのか、真剣に考えるようになった。

「小田嶋氏が指摘するように、弊社の場合、システムの完成度が高いので、下手に改善しようとするのはとても難しい。今までの三基商事の強みである『世界に誇れる商品づくり』、そして『人の温かみを感じるコミュニティ』。この二つを最大限に生かしながら、これからの日本人のライフスタイルに合わせていくことが必要だと思っています。『簡単』『便利』という側面と、三基商事の魅力である『温かみ』、この三つを統合するシステムを、ITを上手に活用しながら構築することが、事業を継承する私の仕事です」

ITの進歩やSNSの台頭は、私たちのライフスタイルやコミュニケーションを大きく変えた。しかし、IT自体も、日進月歩で進化している。昨今では「ユーザーフレンドリー」や「人にやさしいテクノロジー」など、人間らしさや温かみをいかにITに取り込むかが課題となっている。それによって、幅広い世代、種々の人々が使えるITを目指しているのだ。

パソコンの延長線上にあったスマホやタブレットが、音声認識や動画を活用して、どんな人にも簡単に使える機器になることは時間の問題だといわれている。近い将来には、テレビを操作するように通信機器を使って、情報発信やコミュニケーションができるようになるだろう。

それによって、私たちのコミュニケーションはさらに豊かになり、ネット上でも温かみのあるコミュニティを築くことが可能となるはずだ。

不易流行(いつまでも変わることのない本質的な部分を忘れることなく、同時に新しい変化、新味を取り入れていくということ)――時代と共にたしかに企業は変わる。しかし、変わるべきところと変わってはいけないところがあり、その見極めが明暗を分ける。門田淳は、何を新味＝流行と心得、何を不変＝不易と捉えているのだろうか。

「時代に合わせたシステムを導入することは、避けられないことです。二世、三世の代理店が徐々に増え、新しいお客様は若い世代が圧倒的に多くなります。その方たちのライフスタイルに合わせることは必要不可欠なことだと思っています。

その一方で、変えてはいけないことは『誠実であること』だと思います。三基商事は、

誠実であることを貫き、小さいことからコツコツと積み重ねてきたからこそ、大きな実を結んだ。

実はそんなに器用な会社ではありません。どちらかというと愚直で、コツコツと仕事を積み上げてきた。社長はやみくもに数やシェアを追うことは好みません。むしろ、小さくてもいいから強く、安定した組織を目指してきました。拡大成長を目指したわけではありませんが、ありがたいことに結果的に拡大成長することができた。それは、ひとえに誠実であることを貫いたからだと思います。50周年を経て、これからの50年、100年に向かって、私たちはさらに誠実に真面目に仕事をしていく所存です」

いつもスタートラインにいる

「毎朝、エレベーターの中で、扉が開く前に

『今日も一勝負！』と気合を入れる」

と、門《かど》田《た》敏《とし》量《かず》は言う。その習慣は、50年間変わらない。いつもスタートラインにいる気概なのだという。

「商社としてスタートして、プルーンとの出会いから栄養補助食品を中心とする商いを軸に。今でこそ健康をテーマとする商品は多いが、50年前には未知のもの。新しい市場を作り、販売システム自体を構築する。世の中にないものを作るいうんは、想像以上に大変なことでした。毎日がスタートラインに立つ気で仕事をしとった。その習慣はちょっとやそっとのことでは変わりませんな（笑）」

ビジネスは人生と同様、ちょっとした出来事がきっかけで、大きくその航路が変わることがある。第2章で紹介した、アメリカ出張の際、ホテルの窓から見えたサプリメントの看板広告は、敏《とし》量《かず》、そして三基商事の運命を大きく変えた。

「看板にあった『健康にいい』という英文の謳い文句は分かった。ただ、ある単語の意味が分からずに通訳に訊ねたところ、彼も答えることができなかった。つまり、まだ日本にはないカテゴリーの商品、そして概念。それがサプリメント（Supplement）でした」

サプリメントは、すっかり日本に定着した言葉だが、50年前にはほとんど知られていなかった。ビタミンやミネラルなどの栄養素を凝縮した錠剤を飲んで、不足する栄養を補助するようになるなど、当時の日本では予想もされていなかっただろう。

「その看板のイメージが、いつまでも頭から離れんかった。そして自分の周囲に『あれ？おかしいな』と思うことも増えてきた」

子どもの虫歯が増えた、疲労や栄養不足など、病気にはいたらないが体の不調を訴える人が増えてきた。敏量《としかず》は、日本人の食と健康が徐々に変わってきていると肌で感じていた。

「自分の中で引っかかっていたものが、なんとなく結びついて『健康』というテーマが浮かんだ。最初から、未来を予測して栄養補助食品のビジネスを始めたわけではないよ」

と、敏量《としかず》は笑う。栄養補助食品という、世の中にはない市場は、市井《しせい》の人々の暮らしぶりや声の中から読み取った潜在的なニーズがきっかけで創られた。その姿勢も、50年間ずっと変わらないものだ。

創業から50年たって、時代の変化のスピードはすさまじく速くなった。今、敏量《としかず》はそれを痛感しているという。

「どんなに時代が変わっても、自分たちの理念を第一にすること、そして『商いは心とこころ』という基本精神。その三基商事の柱がぶれることはありません。その上で、時代の変化を鋭敏に感じ、間合いをはかって迅速に動く。ここ数年温めてきた構想は、息子の門田常務を中心にいよいよ形になっていくでしょう。脳裏には遠いビジョンを描きながら、まずは足元を着実に固める。50年間実践してきた私の商いは、次世代にも承継され、より強く盤石なものになると確信しています」

敏量《としかず》の愛する作家の一人に、司馬遼太郎がいる。中でも『二十一世紀に生きる君たちへ』という本の一節が気に入っているという。

「その本には、人間が社会を営んで生きていく上で大切なことが、簡潔で美しい文章にまとめられています。いつの時代でも不変な真理として、欠かすことのできない心構え――『自然を敬い、自然への素直な態度を取り戻すこと』そして『自分に厳しく相手にやさしくという自己を確立し、いたわりの気持ちをもって助け合うこと』。これは、まさにミキの健康運動という地道な商いの中で私が実践し、伝えたかったことです。そうした考え方を共にし、いつも一緒に歩んでくれた仲間との出会い、これこそが大きな支えでもありました。もし、自分一人だったら、この長い道程を歩み続けることは難しかったようにも思えます。そんな大切な友人であるミキグループの代理店の一人一人、応援してくれたご家族、メンバーの方々には心から感謝しています」

敏量《としかず》にとっての50年間は、文字通りあっという間であったという。

「プルーンという素材と出会い、ミキプルーンを作った時には、日本にもこうした食べ物が必要な時代が来ると思い、世に送り出しました。やがて、その予想は確信に変わった。それからは、よりよいものづくり、販売体制の構築に尽力し、ひたすら前を向いて歩んできました。多くの仲間、社員とともに一つ一つを実現してきた。まさに最高の友との出会いのおかげだと思っています。人生に夢があるのではなく、むしろ夢が友と歩む人生を創ってくれたのです。51年という新たなスタートラインに立っても、私は夢を分かち合う仲間と一緒に歩み始めたいと思っています。ミキグループという最高の友と出会った運命に感謝し、心を込めて『ありがとう！　これまでも、そしてこれからも！』という言葉を贈りたいと思います」

50年を経て、三基商事は新たなスタートラインに立った。

世の中の動きや人々の声に、耳を澄ませ、目を瞠り、迅速に対応する。そんな日々の努力こそが、彼らの事業をより強く、確かなものに成長させていくにちがいない。

おわりに

本書を執筆するにあたって、門田敏量《かどたとしかず》社長をはじめとする三基商事、そして多忙にもかかわらず快くインタビューに協力してくださったミキグループの代理店の皆様に深く感謝したい。また、三基商事東京支店長の森川佳樹さん、営業企画部の釜池貴史さんには大変お世話になった。

森川さんは第6章に登場したミキグループの代理店の方々、釜池さんは、門田敏量《かどたとしかず》社長をはじめとする三基商事の方々の取材のコーディネートを担当していただいた。

コーディネートといえば聞こえはいいが、多忙な人々に連絡を取り、本の説明をして、都合のいい日程をもらう……という、大変手間のかかる仕事である。迅速にご対応いただいたことを心から感謝している。

「健康で豊かな生活は、バランスのとれた食生活から」という理念に基づく健康運動、「心からこころへ」というコンセプト。これらの考えは、門田敏量《かどたとしかず》社長をはじめ、三基商事の社員、そしてミキグループのメンバーに行き渡り、細部にまで息づいている。

近年では、企業というものは企業理念や経営理念を掲げることが当たり前になっている。

しかし、会社の活動が理念と分かちがたく結びついているケースは非常に稀だ。理念よりも業績――そう考える企業経営者が大半なのではないかと思う。

三基商事は、理念ありきの会社である。企業理念を実現するために企業の活動があり、人々の仕事がある。ひたすらそれに徹するという、シンプルだがきわめて難しいことを、50年間続けてきた。

取材の中でもそれは同様だった。

近年よく言われる「効率性」や「数字」の話がほとんど出てこない。数よりも質を重視。「どれだけやるか」よりも「いかにやるか」。それを徹底してきた会社なのだと思う。

正直な話、質の世界とは面倒なものだ。人によって解釈や感じ方が異なるため、多様性に溢れている。それがゆえに誤解や齟齬《そご》がないように、常にていねいさや配慮が必要とされ、慎重にコミュニケーションを重ねなくてはならない。

かつての日本人はそのプロセスを厭わずに行ってきたのかもしれない。しかし、欧米化したビジネススタイルが主流となった現代では、グローバルに共有できる数字、効率性が指標となっている。質の追求を第一義とする企業は珍しいように思われる。

しかし、その面倒なスタイルにあえてこだわることで、コミュニケーションは密になり、より強い人間関係が構築できる。数の世界では作ることができない信頼や絆は、質の世界によってのみ作ることができるのだと思う。

私が最初に三基商事の本社ビルに行った時に驚いた「濾したようなやわらかな光の世界」とは、物事の質を追求したことによって生まれた独特の空間なのだと思う。

本書を執筆するにあたり、編集の小林和夫さんは、内容だけでなく、紆余曲折あるたびに励ましていただくなどこまやかなサポートをしていただいた。あらためて感謝を申し上げたい。

そして、いつも支えてくれた私の母に、この場をお借りして感謝の言葉を贈りたい。

2018年　片岡理恵

参考文献

『日本　同時代史4　高度成長の時代』歴史学研究会　青木書店
『健康ビジネス業界がわかる』ヘルスビズ・ウォッチドットコム　技術評論社
『病気になるサプリ』左巻健男　幻冬舎新書
『台湾　四百年の歴史と展望』伊藤潔　中公新書
『ビジネスマン龍馬』蓑宮武夫　ＰＨＰ研究所
『改訂版　驚異のプルーン』粟島行春　カイガイ出版
『プルーンのひみつ』工藤ケン　学研
『おんなの昭和史』増補版　永原和子　米田佐代子　有斐閣

片岡理恵（かたおか・りえ）

千葉県生まれ。和光大学卒業後、ライターをしながら世界各国を旅する。編集プロダクション勤務を経て、編集ライターとして独立。有限会社BORIS設立。書籍や雑誌、企業の媒体などの編集・原稿執筆を行う。2012年より経営者向けの媒体に関わったことから日本全国で100名以上の経営者にインタビューを行っている。著書に『お城をもったシンデレラたち』（愛育社）、『弾丸ランナー』（有朋堂）など。

三基商事《みきしょうじ》50年《ねん》の歩《あゆ》み
ほんとうの仕事《しごと》

第1刷　2018年2月5日
第2刷　2018年2月28日

著　者　片岡理恵《かたおかりえ》
発行人　黒川昭良
発行所　毎日新聞出版
〒102-0074
東京都千代田区九段南1-6-17　千代田会館5階
営業本部　03-6265-6941
企画管理本部　03-6265-6731

校　正　有賀喜久子
編集協力　小林和夫　三基商事株式会社
印　刷　三松堂
製　本　大口製本

乱丁・落丁はお取り替えします。

ISBN978-4-620-32447-0